COMO FAZER SABÕES
E ARTIGOS DE TOUCADOR

Dados Internacionais de Catalogação na Publicação (CIP)
(Câmara Brasileira do Livro, SP, Brasil)

Mello, Ribeiro de
   Como fazer sabões e artigos de toucador /
Ribeiro de Mello. - 11ª ed. - São Paulo: Ícone, 2010. -
(Coleção ciência e tecnologia ao alcance de todos)

   ISBN 978-85-274-0969-8

   1. Pequenas e médias empresas - Leis e legislação -
Brasil 2. Produtos de toucador I. Título. II. Série.

07-10000   CDD-668.12

Índices para catálogo sistemático:

1. Artigos de toucador: Indústria:
   Tecnologia 668.12

2. Sabões e artigos de toucador: Indústria:
   Tecnologia 668.12

Ribeiro de Mello

COMO FAZER SABÕES
E ARTIGOS DE TOUCADOR

11ª Edição

Ícone
editora

© Copyright 2010.
Ícone Editora Ltda.

Coleção
Ciência e Tecnologia ao Alcance de Todos

Capa
Roland Matos

Revisão
Diamantino F. Trindade

Proibida a reprodução total ou parcial desta obra,
de qualquer forma ou meio eletrônico, mecânico,
inclusive por meio de processos xerográficos,
sem permissão expressa do editor
(Lei nº 9.610/98).

Todos os direitos reservados pela
ÍCONE EDITORA LTDA.
Rua Anhanguera, 56/66 – Barra Funda
CEP 01135-000 – São Paulo – SP
Tel./Fax.: (11) 3392-7771
www.iconeeditora.com.br
e-mail: iconevendas@iconeeditora.com.br

PREFÁCIO

A fabricação de sabões e artigos de toucador é atualmente dos maiores e mais importantes ramos industriais. Com o aumento do consumo e da fabricação desses produtos, a Química e a técnica tomaram parte ativa no desenvolvimento destas indústrias.

A Química, através de novas descobertas, — como os trabalhos importantes de Chevreul e outros, que serviram como base para a fabricação de sabão, até então manejada empiricamente, sem fundamentos científicos, — e a técnica, que pôs a serviço da indústria aparelhos e utensílios cada vez mais aperfeiçoados, colaboraram para um progresso sem precedentes nesse ramo.

Indústrias imporantes — Gessy Lever, Matarazzo, entre outras — contribuem com a nação oferecendo milhares de empregos. Mas há também inúmeros pequenos industriais nas grandes cidades e no interior dedicados ao negócio de fabricação de sabão e artigos de toucador. Porque talvez em nenhum outro ramo industrial haja tanta possibilidade de lucro.

Não nos referimos a industriais desonestos que lançam produtos de valor duvidoso que em um quilo e meio chegam a conter apenas cem gramas de sabão, completados com silicato, caulim, talco ou salmoura.

Falamos da possibilidade de lucro para industriais honestos, inteirados de tudo que se refere a essa indústria; ensinamos o proveito que se pode tirar das matérias primas mais vantajosas e também mostramos as combinações inteligentes dos elementos para a produção de artigos bons e baratos.

Em nossa literatura técnica não faltam manuais sobre o assunto em questão; estes livros foram, porém, compilados por químicos que, em sua maioria, nunca fabricaram sabões e apresentam fórmulas de obras estrangeiras cujas técnicas só podem ser aplicadas em circunstâncias especiais.

Um manual técnico só é proveitoso quando produzido por técnico especialista na indústria de que trata o tema. Esse é o caso do nosso autor Ribeiro de Melo.

Ao empresário de iniciativa que quer iniciar um bom negócio, vale mais a explicação e o conhecimento fundamental, baseados nas regras científicas da matéria em questão, que as inúmeras fórmulas, muitas vezes nascidas do acaso, por sorte ou pelas circunstâncias.

PREFÁCIO

A nossa intenção com este livro é proporcionar ao industrial conhecimentos indispensáveis, ensinando a compor as receitas adequadas, a escolher as matérias primas de que possa dispor em sua indústria.

Nesta nova edição, introduzimos algumas receitas atuais, como de detergentes, amaciantes de roupas, etc. Ao final, apresentamos o Estatuto da Micro-empresa, dirigido aos interessados em iniciar a sua pequena indústria.

Que possam todos os leitores fazer bom uso desta obra e dela tirar grande proveito na sua vida diária.

Os Editores

CAPÍTULO I

GENERALIDADES

Saponificação — Saponificar é converter um corpo graxo em sabão. A operação pode ser realizada a frio ou a quente. Como exemplo de saponificação a frio, citamos a do sebo comum, mergulhado numa emulsão de albumina a 60°, a que, depois de fria a mistura, se adiciona lixívia alcalina. Os corpos graxos sólidos exigem determinadas temperaturas para se manterem em emulsão, ao passo que para os líquidos basta que sejam tratados com algumas gotas de lixívia e adicionados à metade de seu volume de água para que, agitando-se, possamos obter a sua emulsão, mesmo a frio.

A mistura da lixívia à emulsão forma o sabão, o qual se separa por repouso. Sobrenadando na superfície, o sabão forma uma massa única, sobre um líquido claro.

Na saponificação a frio, pode-se adicionar a base (soda cáustica ou lixívia) de uma só vez, mas na saponificação a quente é aconselhável adicioná-la aos poucos.

Saponificação a quente — Se levarmos ao fogo uma lixívia alcalina, à qual misturamos sebo, à temperatura de 150° ou mais, há um desdobramento das matérias graxas em ácido graxo e glicerina, unindo-se o primeiro à base para formar um sabão.

As matérias graxas, ao se desdobrarem, produzem sempre mais graxas que glicerina. Apresentamos a seguir, as porcentagens que geralmente ocorrem com as matérias-primas mais empregadas:

	Graxa %	Glicerina %
Estearina de graxa de toucinho	92	8
Estearina de sebo de boi	91	9
Estearina de sebo de carneiro	91	9
Oleína de graxa de toucinho	90	10
Sebo de carneiro	91	9
Sebo de toucinho	91,5	8,5

CAPÍTULO II

MATÉRIAS-PRIMAS ESSENCIAIS, SECUNDÁRIAS E COADJUVANTES

Para fim prático, dividimos as matérias-primas empregadas na fabricação de sabões em três grupos:

1) essenciais;
2) secundárias;
3) coadjuvantes.

Matérias-primas essenciais — Consideramos neste grupo as matérias indispensáveis para obtenção do produto, sem as quais não se verificaria a saponificação. Estão compreendidas sob os nomes de **matérias graxas e matérias alcalinas.**

a — **Matérias graxas** — Estas matérias podem ser de origem animal ou vegetal. São de origem animal: o sebo, a graxa de porco, a graxa de ossos, a graxa de cavalo, a graxa de lã, etc. De origem vegetal, temos: azeite de oliva, óleo de coco, óleo de palma, azeite de algodão, óleo de rícino, azeite de girassol, etc. (*)

(*) **Obs.** — **Ácidos graxos** — Os fabricantes de sabões costumam usar como substitutos das matérias graxas, os ácidos delas extraídos, que aparecem no mercado sob os nomes de **oleína e estearina.** A oleína ou ácido oléico é um líquido de cor entre amarelo e pardo escuro, denso e de cheiro característico. Produz sabões muito empregados na lavagem de lã e tecidos. A esteariana ou ácido esteárico é sólida, branca e de aspecto ceroso. Usa-se mais na fabricação de sabões "metálicos".

b — Matérias alcalinas — Como se sabe, a saponificação de uma graxa só se pode conseguir com a ajuda de um álcali. As matérias alcalinas de sódio produzem sabões sólidos; as matérias de potássio dão sabões moles.

Temos, portanto, como álcalis mais usadas: o hidróxido de sódio, o carbonato de sódio, o hidróxido de potássio e o carbonato de potássio. O primeiro é a soda cáustica, o segundo é a soda comum ou soda Solvay, o terceiro é a potassa cáustica e o último é a potassa comum.

Matérias-primas secundárias — Chamamos matérias-primas secundárias, àquelas sem as quais a saponificação pode fazer-se, mas que são incorporadas ao produto, a fim de melhorar sua qualidade ou baixar seu preço de custo. São três espécies: **resinas, matérias de recheio, corantes e perfumes.**

a — Resinas — Estas matérias são os resíduos da destilação da terebintina crua. Não têm cheiro nem sabor, são quebradiças, têm brilho característico e se pulverizam com facilidade. Classificam-se no mercado, segundo a cor, nos tipos seguintes: **W.W.**, "branca como água"; **W.G.**, "vidro de janela"; **N.**, "extrapálida"; **K.**, "pouco pálida"; **I.**, "n.º 1, superior"; **H.**, "n.º 1"; **F.**, "n.º 2 superior"; **E.**, "n.º 2"; **D.**, "bem filtrada"; **C.**, "filtrada"; **B.**, "filtrada comum" e **A.**, "negra".

A mais usada é a qualidade **H.**, "n.º 1", que se vende geralmente no comércio.

b — Matérias de recheio (cargas) — O principal fim da incorporação das matérias de recheio aos sabões é baratear o seu custo. Muitas vezes, sacrifica-se a qualidade do produto pelo maior rendimento. Contudo, alguns sabões melhoram suas qualidades ao levarem na sua composição certa quantidade de silicato de sódio, tornando-se mais sólidos e duráveis. Nos sabões de toucador convém sempre evitar o emprego de recheios. Os recheios mais comuns são: silicato de sódio, carbonato de sódio, caulim, talco, açúcar, caseína, amido, bórax, etc.

c — Corantes e perfumes — O emprego de corantes visa melhorar o aspecto do sabão e agradar à vista. São de origem animal, vegetal e mineral.

A **clorofila**, como se sabe, é o pigmento verde das folhas vegetais. Temos três tipos de clorofila no comércio, segundo seja solúvel em álcool, água e azeite. A última é a mais usada nos sabões destinados ao uso no toucador, porque devido ao alto custo, embora dê belo colorido ao produto, é mais comum se usarem outras matérias-primas derivadas do alcatrão, como substitutos da clorofila e que dão idêntico resultado.

O **extrato de açafrão** transmite bela cor amarela ao produto. Raramente é usado na indústria de sabão.

Ainda menos usados, citamos os corantes de origem mineral (azul ultramar, vermelhão e verde de cromo) e os derivados do alcatrão de hulha.

As **anilinas solúveis em água** empregam-se, geralmente, para coloração do sabão comum, fabricado por qualquer dos processos (fervido, semifervido ou frio), sabão fino toucador, sabão líquido, "shampoos", etc. Têm as seguintes tonalidades: amarelo, âmbar, azul, limão, rosa, rosa assalmonado, roxo, verde e violeta (as mais comuns).

As **anilinas solúveis em água** empregam-se geralmente, para colosabões.

As **anilinas solúveis em óleo** são as mais usadas em sabonetes para toucador. Apresentam as seguintes cores: amarelo, azul, negro, roxo, verde e violeta.

Entre as matérias-primas secundárias, incluímos também os **perfumes**, cujas essências, dissolvidas em azeite, se vendem no mercado e podem ser escolhidas à vontade pelo fabricante (V. Capítulo XVII).

Matérias-primas coadjuvantes — Consideramos matérias-primas coadjuvantes as que não entram, propriamente, na composição do sabão, mas são empregadas, tão somente, como veículo ou meio do processo de fabricação.

As principais são a água e o cloreto de sódio (sal de cozinha).

Em capítulo posterior apresentaremos uma explanação minuciosa sobre todas as matérias-primas mais empregadas na fabricação de sabões, as quais, como vimos são: as matérias graxas, os ácidos graxos, os álcalis cáusticos ou carbonatados, o sal comum, as resinas, os materiais de recheio, etc.

CAPÍTULO III

PRINCIPAIS OPERAÇÕES DA FABRICAÇÃO DE SABÕES

Instalada a fábrica com todo o aparelhamento indispensável ou, pelo menos, com os aparelhos e matérias-primas essenciais a uma pequena indústria de sabões, de acordo com o anteriormente exposto, passamos a considerar as várias operações, tanto de natureza química como física, de que consta a fabricação desses produtos.

Empastagem — Esta é uma operação muito importante, pois dela depende uma boa saponificação. Consiste em emulsionar as gorduras com a lixívia, pela ação do calor e do álcali sobre a matéria graxa.

Salga — Com o fim de separar do sabão as lixívias fracas e glicerina que ele possa conter, esta operação transforma ao mesmo tempo o sabão mole de potassa em sabão duro de soda.

Clarificação — Para alcançar o objetivo desta operação, contido no seu próprio nome, realiza-se a mesma empregando-se lixívias muito concentradas. Depois de algumas horas de ebulição, consegue-se assim, saponificar completamente as matérias gordas que possam estar ainda não inteiramente saponificadas.

Purificação — Esta operação tem como objetivo dar melhor rendimento ao sabão já produzido, eliminando-lhe a alcalinidade e impureza.

Sangria — A extração ou separação das lixívias fracas que, durante operações como a salga, a purificação, etc., se depositam no fundo da caldeira constitui a sangria. Essa extração é feita pela torneira existente na parte inferior da caldeira destinada a esse fim.

Secagem — Depois de ser cortado pela plaina e feito em lâminas finas, o sabão é levado ao secador, onde é extraída a umidade excessiva.

Corte — O sabão é cortado em barras, depois em pequenos blocos ou tijolos, procedendo-se, em seguida, à cunhagem.

Cunhagem — Esta é a operação realizada na prensa, usando-se matriz ou forma escolhida.

CAPÍTULO IV

PROPRIEDADES ESSENCIAIS DOS SABÕES

Geralmente os processos para fabricação de sabões reduzem-se a dois, embora cada qual assuma inúmeras variantes: a **saponificação dos corpos graxos pelos álcalis cáusticos** e a **neutralização dos ácidos graxos pelos álcalis carbonatados.** Um corpo graxo neutro não forma combinação com um carbonato alcalino. Deste modo, o sabão, de qualquer espécie que seja, é um alcalino de ácido graxo.

Solubilidade — Os sabões são sais sódicos ou potássicos. Suas propriedades variam consideravelmente, sendo os potássicos mais solúveis em água e álcool que os sódicos. Apresentam, igualmente, diferenças quanto à solubilidade. Os sabões formados com ácidos graxos saturados são menos solúveis que os feitos com ácidos graxos não saturados. Independente dessas considerações de ordem geral, a solubilidade dos sabões depende em grande parte da natureza do corpo graxo, diminuindo esta propriedade, segundo a seguinte ordem:

Primeiro grupo

1) Sabão de óleo de rícino
2) Sabão de óleo de gergelim
3) Sabão de óleo de coco
4) Sabão de estearina de algodão
5) Sabão de azeite de linhaça comestível
6) Sabão de azeite de dormideira

Segundo grupo

1) Sabão de gordura de porco
2) Sabão de manteiga
3) Sabão de azeite de palma
4) Sabão de azeite de girassol

Terceiro grupo

1) Sabão de sebo de boi
2) Sabão de azeite de cacau
3) Sabão de sebo de carneiro

Quarto grupo

Sabão de estearina

Os sabões do segundo grupo têm solubilidade quatro vezes mais fraca que os do primeiro; os do terceiro grupo têm solubilidade dezesseis vezes menos que os do primeiro; e finalmente, os do quarto só alcançam a metade da solubilidade do terceiro.

Influi, também, consideravelmente, na solubilidade, a temperatura, pois os sabões de ácidos graxos sólidos, a frio não dão soluções límpidas, mas só à temperatura de ebulição.

Quando os sabões são compostos de glicerídeos do ácido esteárico, exigem para seu desdobramento a presença de muita água e este desdobramento faz-se, tão somente, com a metade da água que contêm. O mesmo ocorre com os sabões de ácido linólico e outros.

Poder detergente — A saponificação parcial de um corpo graxo produz entre este corpo e sua parte saponificada uma mistura íntima que com a água forma uma emulsão, a qual tem a propriedade de não deixar mancha nos tecidos. Este fenômeno seria devido ao fato de o álcali liberado por hidrólise exercer ação saponificante sobre os componentes graxos da mancha, em cuja expulsão coopera, também, a espuma do sabão. É a propriedade de eliminação do poder de aderência, como princípio mecânico, para limpeza, que se chama **poder detergente.** O sabão atua como um corpo viscoso que se interpõe entre as matérias a eliminar e o tecido e, pela emulsão produzida com as mesmas matérias, as elimina. Esta explicação tanto vale para sabões à base de sais de ácidos graxos como à base de glicerídeos.

De qualquer maneira, parece demonstrado que, em razão da heterogeneidade dos componentes das soluções saponáceas, o processo de detersão não é um fenômeno simples e único, mas múltiplo e complexo, a cujas maneiras se acomoda a solução saponácea, em razão da mencionada heterogeneidade de seus componentes.

Influência dos silicatos no poder detergente dos sabões — Na consideração desta questão, é preciso ter em mente as seguintes particularidades:

a — O sabão a que se adicionou silicato é menos solúvel que o sabão puro, o que, provavelmente, diminui o poder detergente deste sabão.

b — Entretanto, debilita menos as fibras têxteis, o que representa vantagem para conservação de tecidos. Contudo, o silicato impede o perfeito contato da solução saponácea com as matérias a eliminar.

c — O sabão silicatado exige uma enxaguação mais abundante e completa do tecido lavado, a fim de eliminar os elementos minerais dos corpos vítreos solúveis que, com o tempo, se aglomeram e amarelecem o tecido.

d — A menor solubilidade do sabão silicatado dá-lhe maior duração.

Poder espumante — Existe estreita relação entre o poder espumante e o poder detergente. A maior solubilidade do sabão é condição de primeira ordem. A essa propriedade se opõe, como vimos, a presença de sais dissolvidos no produto, especialmente se são de cal ou de magnésio. Da mesma forma, não se pode obter igual produção de espumas com águas salinas e isentas de sais.

Por essa razão, obtém-se um aumento do poder espumante adicionando-se ao sabão, que tem essa propriedade em pequeno grau, um pouco de ácido ricinoléico ou de azeite, que torna, também, o sabão mais viscoso.

Quando se trata de sabões moles (potássicos), contendo, por conseguinte, uma quantidade elevada de água dura (isenta de sais) produz efeito inverso ao citado, pois que, evitando-se uma solubilidade excessiva, que equivaleria a uma espécie de dissolução, em que a emulsão necessária seria menos manifesta, aumentaria o poder espumante. O mesmo ocorre com os sabões em pó.

18

CAPÍTULO V

MATÉRIAS-PRIMAS EMPREGADAS NA FABRICAÇÃO DE SABÕES

As matérias graxas empregadas na fabricação de sabões são: os **óleos ou azeites**, as **gorduras animais** e o **ácido oléico**.

Óleos ou azeites — Os óleos ou azeites podem ser de procedência vegetal ou animal.

a — Óleo de linhaça — Procede das sementes de linho. Obtido por processo frio, apresenta cor amarela escura ou verde pálida; por processo quente, apresenta cor amarela escura. É empregado especialmente para a fabricação de sabões de pouca consistência. Para a saponificação, usam-se lixívias de 12-15° Be.

b — Óleo de dormideiras — É extraído das sementes destas plantas, por meio de pressão. Apresenta cor clara, é quase inodoro, de agradável sabor e bastante secante; as classes inferiores desse azeite são as empregadas na fabricação de sabões brandos, reservando-se as de melhor qualidade para usos mais delicados, como, por exemplo, a pintura a óleo.

c — Óleo de rícino — Obtido das sementes dessa planta, que contém cerca de 60 a 90% de azeite. Distingue-se por sua viscosidade e é de todos os óleos o de mais elevado peso específico; é insolúvel no éter de petróleo e nos azeites minerais a frio; é solúvel, porém, em álcool absoluto ou em ácido acético glacial, em qualquer proporção. Apresenta cor ligeiramente amarela, mas em geral, é quase incolor. Na fabricação de sabões (duros) se aproveitam somente os de qualidade inferior reservando-se os superiores para fins farmacêuticos, por ser ótimo purgante.

O óleo de rícino pode como o óleo de coco saponificar-se com facilidade pelo processo a frio. Desta forma, obtêm-se excelentes sabões duros e transparentes; o único inconveniente é que não espumam com tanta abundância como aqueles feitos com óleo de coco, motivo pelo qual raramente se emprega esta matéria-prima isolada, mas misturada com breu ou óleo de coco.

Consegue-se também que o sabão, embora feito de óleo de rícino puro espume melhor, juntando-lhe de 2 a 5% de ácido de óleo de rícino.

d — Óleo de amendoim — As sementes de amêndoas contêm de 42 a 51% de óleo extraído por meio de pressão. Da primeira pressão obtém-se um óleo incolor de ótimo paladar; só o produto resultante da segunda ou terceira pressão é empregado na fabricação de sabões duros.

O seu peso específico é de 6,916-6,922 e o índice de saponificação de 185,6-197,5. A saponificação faz-se com lixívias de 15-18º Bé. .

e — Óleo de soja — A soja que hoje em dia é também no Brasil bastante cultivada contém de 17 a 22% de óleo que é extraído mediante trituração ou pressão. É de coloração amarelo clara, como a do milho, de cheiro e de gosto agradável. Seu peso específico é de 0,924-0,927 e o índice de saponificação de 190,6-192,9.

É, como os óleos de milho e de algodão, uma ótima matéria-prima para a fabricação de sabão. Na saponificação, empregam-se lixívias fracas de 10-12º Bé.

f — Óleo de milho — Das sementes do milho extrai-se, por meio de pressão, um ótimo óleo gorduroso de cor amarela clara ou amarela dourada e de cheiro e gosto agradáveis.

O peso específico é de 0,921-0,925 e o índice de saponificação de 189,7-191,9.

g — Óleo de girassol — Obtém-se da semente desta planta. É de sabor agradável, inodoro, de cor amarela pálida, muito transparente e bastante secante. É dificilmente saponificável e emprega-se na fabricação de sabões de pouca consistência.

h — Óleo de colza — Extraído de sementes de uma planta crucífera. Tem sabor desagradável, cheiro picante e cor amarela. Emprega-se na indústria de sabões, mesclado com pequenas quantidades de outras graxas mais consistentes para se obterem sabões duros.

i — Óleo de sementes de tomate — Procede das sementes do tomate comum, deixando-as secar e em seguida prensando-as. Apresenta cor amarelada, é bastante secante e, juntando-lhe uma quinta parte de sebo ou graxa animal, pode proporcionar sabão muito aceitável.

j — Óleo de algodão — Extraído da semente do algodoeiro, mediante o processo de trituração e pressão. O óleo de algodão saponifica-se com muita facilidade mas dá sabão de pouca consistência ou brando. Querendo-se preparar sabões duros com ele, é necessário juntar-lhe outras graxas, como óleos de coco, de palma ou sebo; então, ele terá a propriedade de dar sabões melhores, o que, no entanto, não faz desaparecer a possibilidade de deixar manchas amarelas. Usa-se também para a fabricação de potassa.

l — Óleo de palma — Extrai-se das palmas, geralmente da espécie Dendê, cujos frutos têm o tamanho de uma noz e pendem em cachos da planta. Sua cor é alaranjado escura. A polpa de que se extrai o óleo encerra um núcleo do qual se obtém outra graxa (o óleo de noz de palma) de caracteres distintos. Obtém-se também por trituração e pressão. Sua cor varia entre o alaranjado e o roxo escuro e tem cheiro agradável que recorda o das violetas. Emprega-se para fabricação de sabões duros.

m — Óleo de noz de palma — Obtém-se por meio de uma prensa hidráulica, na qual se trituram os frutos. É branco ou levemente amarelo, de cor parecida com a do óleo de coco e de consistência manteigosa. Este óleo tem também a característica de ligar grande quantidade de água.

n — Óleo de oliva — Extrai-se das azeitonas ou olivas, que quando estão maduras, têm o tamanho e forma parecidos com os das groselhas, de cor azul-escura. A polpa interna é de cor branco gris e delas se estrai o óleo por meio de leve pressão. A colheita à mão é preferível porque as azeitonas assim recolhidas dão óleo mais puro e de sabor mais agradável. Ademais, conservam-se mais facilmente que as caídas das árvores. Devem ser conservadas em lugares frescos e bem arejados, em delgados estrados para impedir a fermentação. A primeira operação levada a efeito para a extração do óleo consiste em reduzir os frutos convenientemente prensados a papas. Assim se obtém o óleo de primeira qualidade ou **óleo virgem,** nome com que também se designa o óleo obtido na primeira operação da trituração. Os resíduos do primeiro trabalho de pressão, que se soltam, devem ser submetidos uma segunda vez à ação da prensa, usando-se ai também a água quente para que, com maior facilidade, sejam trabalhados. Coloca-se num recipiente a água com o óleo proveniente da primeira trituração e, em seguida, separam-se os resíduos do líquido, após se ter deixado em repouso a mistura de água e óleo. As massas de cascas e caroços assim formadas são novamente trituradas ou prensadas; após submetê-las à ação da água quente, como se explicou, levam-se a uma terceira trituração, ou tinas com agitadores, donde flui a água que arrasta parte do óleo que a massa contém. Este se recolhe em outra tina, onde é submetido a prolongado banho em água e constitui o **óleo lavado.**

O óleo de oliva depurado é de cor amarelo clara, às vezes tirante a verde; apresenta sabor doce, delicado e levemente perfumado, como o aroma do fruto. O óleo puro destina-se ao consumo alimentício. As demais qualidades inferiores são utilizadas em grande escala, especialmente nos países produtores, para fabricação de sabões duros, além de sua aplicação como combustíveis e lubrificantes.

o — Óleo de coco — Procede dos frutos do coqueiro, palmeira dos países tropicais (no Brasil, coco babaçu). A polpa do coco é comestível e sumamente alimentícia, de agradável aroma e delicado sabor. Desta polpa se estrai o óleo mediante extração em água quente e trituração ulterior. Emprega-se muito para a fabricação de sabões duros, sabões líquidos e, sobretudo, para a preparação de sabões a frio. Os sabões à base de óleo de coco podem reter grande quantidade de água embora conservem seu aspecto comum e certa dureza; formam abundante espuma. Para a fabricação destes sabões, se empregam lixívias cáusticas muito concentradas.

p — Sebo vegetal — Obtido da semente de uma planta procedente da China. Usa-se na fabricação de sabões, misturado com sebo animal.

q — Sebo de brindônia — Obtém-se de uma planta que cresce com abundância na América e na Índia. Este sebo é de cor branco grisalha e de consistência parecida com a do sebo animal. Proporciona sabão duro, branco e de muito boa qualidade.

Gorduras animais — São as seguintes as gorduras animais empregadas na fabricação de sabões:

a — Sebo animal — Distinguem-se duas variedades de sebo animal: a dos sebos de carneiro, cabra e ovelha e a dos sebos de boi, touro, vaca e bezerro. O sebo de touro tem maior consistência que o de boi e o de ovelha é mais consistente que o de carneiro. A maior parte do sebo animal se emprega na fabricação de sabões, de velas de cera e também para a fabricação de margarina, porém em pequena proporção.

b — Gordura de ossos — Obtém-se de ossos triturados com água, passando a graxa a boiar na superfície da água. Também se extrai com solventes, como por exemplo o sulfeto de carbono.

c — Gordura de cavalo — Em estado puro é de cor amarela e apresenta maior ou menor consistência segundo a proporção de glicerídeos distintos que a constituem. Fundida pode ser considerada como um óleo animal líquido. É facilmente saponificável. Empregam-se geralmente lixívias fracas de 12-18° Bé.

d — Gordura de lã — Chama-se também **lanolina** e é extraída da lã das ovelhas. A lã é submetida à ação do sulfeto de carbono ou do benzeno, por resultar assim mais fácil e econômica a lavagem subseqüente com água e sabão. A extração dá, depois de volatilizado o solvente, a graxa em bruto, quase privada de água, pouco colorida e pronta para ser entregue ao comércio.

e — Banha de porco — Também chamada **toucinho,** extrai-se de sob a pele do porco. É de sabor agradável e utilizada mais como alimento. Na fabricação de sabões de toucador, serve para preparar sabões de pouca consistência, a qual, no entanto, se consegue misturando-se óleo de palma ou de coco.

f — Outras gorduras animais — Além das apontadas utilizam-se na fabricação de sabões outras gorduras e óleos de origem animal, tais como: o óleo de fígado de bacalhau, o óleo de sebo de baleia, empregado com bom resultado na fabricação de sabões duros, o óleo de pé de cavalo, o óleo de pé de boi, o óleo de pé de carneiro, etc.

Ácido oléico — O ácido oléico é um resíduo da fabricação de velas de cera. Este ácido se emprega isolado ou mesclado com óleo de palma ou de sebo. Tratado com soda emprega-se na fabricação de sabões. O ácido oléico, em estado de pureza, é líquido à temperatura ambiente e se solidifica a 4°C em massa dura, cristalina, que funde de novo a 14°C.

Borras de óleo de coco, algodão, etc. — São os resíduos da fabricação destes óleos e constituem uma excelente matéria, devido ao seu baixo preço são muitas vezes usadas em saponaria, misturadas com outras gorduras. O índice de saponificação destas borras varia segundo o método empregado na sua fabricação.

Resina, colofônica ou breu — A resina é o produto da destilação da essência da terebintina. Vulgarmente se conhece com o nome de pez grego. É dura, frágil e de fratura concóide. Apresenta cor amarelada. Com o emprego da resina se corrigem defeitos de certas graxas empregadas na fabricação de sabões e, ao mesmo tempo, transmitem aos sabões qualidades detergentes, como, por exemplo, a de formar grande quantidade de espuma. A resina é, como as graxas, porém em menor grau, saponificável, pois se combina com os álcalis para formar o sabão de resina, de consistência muito branda.

Para se descorar a resina, é necessário fundí-la, deixando-a em repouso. Depois, é decantada em outro recipiente e tratada logo com uma solução de cloreto de sódio a 7° Bé. É fervida, então, durante uma hora e, por último colocada a repousar. Para branqueá-la, deve-se expô-la à luz solar, em invólucro delgado.

Potassa e soda — A potassa e a soda desempenham papel de primeira ordem na fabricação de sabões.

O que no comércio se conhece com o nome de soda, é o carbonato de sódio. A soda natural é constituída pelos restos de certos vegetais marinhos depositados na praia pelas ondas. Estas plantas são postas a secar e, em seguida, são queimadas. A soda obtida desta forma se denomina soda bruta.

A soda artificial se obtém quimicamente por dois processos. O primeiro consiste em transformar o sal marinho (cloreto de sódio) em sulfato de sódio, pela ação do ácido sulfúrico e o sulfato de carbono pela ação do carbonato de sódio. O segundo consiste em tratar o mesmo sal marinho com bicarbonato de amônio, obtendo-se bicarbonato de sódio precipitado que se calcina, para transformá-lo em bicarbonato de sódio.

A potassa do comércio é o carbonato de potássio; tem, como a soda, duas origens: uma natural e outra artificial.

A potassa natural procede da calcificação de certos vegetais; os restos obtidos se tratam com água do que se obtém uma lixívia; evapora-se esta e calcina-se, obtendo-se assim potassa em bruto.

A potassa artificial se consegue por processos semelhantes aos da soda artificial. Pode-se, também, obter mediante a lavagem de lã de carneiro, bem como da lavagem dos resíduos da beterraba.

Potassa e soda cáusticas — Quer se trate de soda ou de potassa, é necessário que sejam elas feitas cáusticas para que sejam utilizadas na fabricação de sabões. Consegue-se esse resultado, dissolvendo-as em água e cal. Como vimos, a soda e a potassa que se encontram no comércio são o carbonato de sódio e o carbonato de potássio, isto é, uma combinação de ácido carbônico com a soda ou a potassa, respectivamente. A operação que indicamos decompõe este carbonato; a cal forma com o ácido carbônico um carbonato de cálcio, restando, daí, um óxido de sódio ou de potássio; e este óxido forma com a água que se empregou, uma lixívia de sódio ou de potássio.

Glicerina — A glicerina é um álcool que, unido aos ácidos graxos, proporciona os éteres graxos ou glicéreos. É um álcool muito forte. No estado puro é um líquido incolor azeitoso, inodoro e de sabor açucarado. Sua densidade, a 15 graus, é de 1,265 aproximadamente. Em contato com o ar absorve a umidade. Dissolve energicamente grande número de matérias, como, por exemplo, a cal.

As aplicações da glicerina são muito numerosas. É usada na fabricação da nitroglicerina, combinando-se como o ácido nítrico, na fabricação de vinagres, mostarda, etc.

Água — Nem todas as águas são boas para fabricação de sabões. É, pois, importante verificar se a água contém matérias prejudiciais, de que depende não só a boa qualidade do produto fabricado, mas também, coisa muito importante, o custo mais ou menos elevado da fabricação.

As águas que contém ácido sulfúrico, carbono e sal, são más, na maioria das vezes. É de bom hábito prová-las antes de utilizá-las. Sendo pequena a quantidade dessas matérias, não será totalmente má. As águas potáveis são, em geral, boas para a fabricação de sabões.

Para os sabões brancos e puros, bem como para os de toucador, é conveniente que se evitem as águas ferruginosas, as quais colorem os sabões, em virtude dos sais que trazem.

Grande importância se deve dar à água em saponaria. Serve para dar vapor, para esquentar as caldeiras com serpentinas, para preparar as soluções de álcalis e cloreto de sódio e é agente da lavagem. A água, durante o empasto, produz a emulsão das graxas e facilita assim a combinação destas com os álcalis, indispensáveis, como componentes na indústria de sabões.

Cal — A cal, que serve para a causticação da lixívia, deve ser de 90 a 100% pura. A cal empregada na fabricação de sabões é a chamada cal apagada ou hidratada, que se obtém, tratando com água cal viva ou óxido de cálcio. Este último consegue-se por meio de calcificação do carbonato de cálcio. A cal usada em saponaria se distingue das demais por sua maior leveza e ausência de ácido carbônico, o que se comprova por simples ensaio com ácido clorídrico, sem provocar efervescência.

Sal comum — O cloreto de sódio (sal de cozinha comum) serve para separar o sabão da lixívia depois de verificado o empaste. O cloreto de sódio separa a cal sódica dos ácidos graxos de suas soluções em água, água lixivial e glicerina.

Tratando uma solução de sabão com outra de sal comum, os dois líquidos não se misturam a não ser que consistam em soluções muito diluídas. Estando bastante concentradas, mantém-se separadas em duas camadas superpostas.

Álcalis — Os álcalis combinados com ácidos gordos dão como resultado um sal conhecido pela denominação de sabão.

A palavra álcali é de origem árabe e significa "cinzas". Com efeito, era das cinzas dos vegetais que se extraíam os álcalis, antigamente, visto que se encontram naquele produto a soda e a potassa combinadas com o ácido carbônico.

Outros processos mais técnicos e vantajosos nos trouxe o grande desenvolvimento da química industrial. Poderíamos também desenvolver os processos de obter as lixívias com bases de sódio e potassa, o que no entanto, não se recomenda, porque vantagem alguma advém disso ao fabricante de sabão; no mercado se encontra, por preço muito acessível, a soda cáustica em pedra, com que se pode preparar rapidamente as lixívias com as concentrações precisas.

Lixívias com soda cáustica em pedra — Como dissemos acima, é este produto empregado, em geral, para a preparação das lixívias, do modo seguinte:

Coloca-se a soda cáustica num depósito de chapa de ferro perfurado que, em seguida, é metido em outro de maior capacidade, onde se põe água fria na proporção de aproximadamente 200% do peso total da soda cáustica; para facilitar a dissolução, deve-se ir agitando sempre. A água aquece devido à reação, que se produz, a qual é produzida pela dissolução mais ou menos rápida da soda, cuja densidade correlativa dos graus de concentração é observada no areômetro de Beaumé, (fig. 1), até que uma prova tenha 30º Bé.

Prepara-se depois num outro recipiente a lixívia aos graus que se necessita, por simples adição de água.

A lixívia não deve entrar em contato com a mão, pois produz, como a soda cáustica pura, queimaduras fortes.

Porcentagem de álcalis cáusticos contidos na soda — De grande importância é saber o fabricante reconhecer a quantidade de álcalis cáusti-

Fig. 1

cos contidos na soda para calcular a quantidade de matéria gorda que pode saponificar com determinada porção daquele produto depois de transformado em lixívia, com certa concentração. Essa análise é levada a efeito da maneira que passaremos a expor.

Tem o álcool concentrado a propriedade de somente dissolver os sais cáusticos não exercendo qualquer outra ação sobre os outros. Querendo-se saber, por exemplo, quanto álcali cáustico contém 100 gramas de soda, basta reduzir essa quantidade a pó e colocá-la num frasco; em seguida se juntam 400 gramas de álcool concentrado, agita-se a mistura durante certo tempo e deixa-se descansar por espaço de 4 horas e meia, mais ou menos; depois, decanta-se o líquido e filtra-se através de papel sem cola.

Para verificar-se o resultado, procede-se à secagem dos resíduos e pesa-se novamente. Suponhamos que seu peso agora é de 55 gramas; ficaram em dissolução no álcool 45 gramas, o que mostra que a soda analisada continha 45% de álcali cáustico.

Podemos também encontrar o resultado da análise fazendo com que o álcool se evapore, depois que se colocar a soda e pesando-se, em seguida, os resíduos que ficam. Corresponde esse peso à porcentagem de álcali cáustico contido na soda analisada.

CAPÍTULO VI
INSTALAÇÕES, MÁQUINAS E ACESSÓRIOS

Não se podem indicar com precisão as dimensões de um local para instalação de uma fábrica, bem como discriminar-se a maquinaria para esse fim, visto que diversos podem ser os fatores que para o caso concorrem. O prédio e as máquinas irão atender, em cada caso, a determinado tipo de sabão ou a diversos tipos, donde se conclui que não há propriamente um determinado tipo de instalação para uma fábrica.

Segundo Thomssen e Kemp, "a planta ideal, em termos gerais, seria aquela na qual o processo da elaboração do sabão, desde a fusão das matérias gordas até o envasilhamento e a expedição se faria descendo de um piso da fábrica a outro. Com isso, seria possível utilizar a gravidade em vez de bombas, o que, naturalmente, se tornaria bem mais econômico". Em outros casos, a fabricação se efetua em sentido vertical ou, ainda, fazendo-se uma combinação entre ambas as direções. Todas estas considerações são, porém, arbitrárias e, como é natural, o fabricante construirá sua fábrica segundo achar mais conveniente. Dissemos que a distribuição dos elementos de uma fábrica de sabão é sumamente variável, dependendo do tipo do produto a elaborar. No entanto, a maquinaria e os utensílios são sempre os mesmos; por essa razão, veremos isoladamente os principais e explicaremos para que fim se destinam.

Fig. 2

Rodos — Existem rodos de diferentes tipos. Os mais comuns são os que se apresentam em formato de S (fig. 2). Estes aparelhos são, quase sempre, construir dos de ferro, têm o cabo de madeira e servem para agitar a massa do sabão durante a empastagem ou cozedura nas caldeiras desprovidas de agitador mecânico.

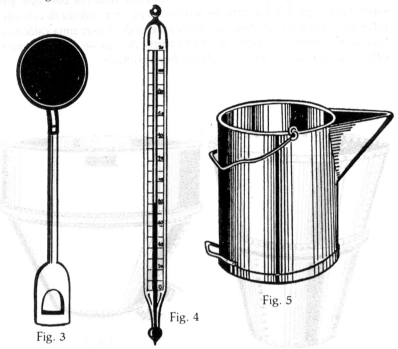

Fig. 3 Fig. 4 Fig. 5

Pás de ferro — Para se tirarem os óleos, utilizam-se as pás de ferro, que apresentam feitio de concha e têm o cabo de madeira (fig. 3).

Termômetro — É muito conhecido este aparelho. Na indústria de sabões serve para acusar a temperatura dos óleos e das diferentes reações (fig. 4).

Baldes — São muito úteis para a condução de óleos lixívias, água e outros ingredientes. São de dimensões tais que, depois de cheios, possa um homem transportá-los sem dificuldade e, na sua maioria, construídos de chapa de zinco ou ferro zincado, com duas asas, uma móvel na parte superior e uma fixa na parte inferior, sendo que a última serve de apoio para entornar o conteúdo do balde (fig. 5).

Caldeiras — São quase sempre dotadas a dos dois sitemas que, na técnica, se denominam **caldeiras de fogo direto** e **caldeiras com aquecimento a vapor.**

Dependem suas dimensões da produção que se queira obter, de acordo com o estudo previamente feito, tendo sempre por base que, para saponificar 1 quilo de gordura, se necessitará de uma caldeira de cerca de 3 litros de capacidade. O pequeno fabricante poderá usar uma caldeira de fogo direto, mas a indústria moderna aconselha que se dê preferência a com aquecimento a vapor, que dá melhor resultado.

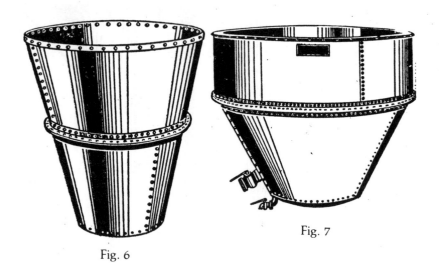

Fig. 6

Fig. 7

a — Caldeiras de fogo direto — São fabricadas de chapas de aço rebitadas e de feitio mais ou menos cônico (figs. 6 e 7). Sua montagem é quase sempre feita sobre uma fornalha de tijolo, construída de modo que a parte interior da caldeira seja totalmente envolvida pelo fogo, para maior aproveitamento do calor.

A chaminé deve ser alta, de modo a f zer boa tiragem e produzir-se o aquecimento com relativa facilidade.

b — Caldeira com aquecimento a vapor — São as mais adotadas pelo grande fabricante, pela forma econômica e perfeita por que produz a fabricação de sabões, podendo-se regular com certa precisão o calor por meio de válvulas de admissão de vapor. A figura 8 apresenta uma dessas caldeiras com aquecimento interior por meio de serpentina, em que o vapor, entrando por **A**, vem produzir o aquecimento na serpentina **B**. A peça em forma de funil, que se vê sobre a dita serpentina, serve para tornar a operação mais fácil. Com o aquecimento, a massa do sabão sobe pela parte interna da peça e sai pela parte superior, executando uma circulação contínua, dispensando, assim, o agitador mecânico. Concluída a fabricação e desejando-se deixar que a massa repouse, retira-se da caldeira a referida peça, içando-a com uma roldana pela corrente **C**.

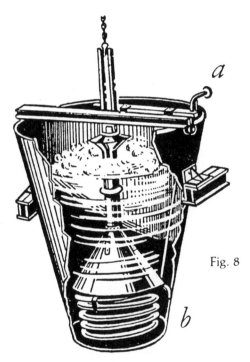

Fig. 8

Estas caldeiras são geralmente montadas sobre vigas de ferro e a uma altura de mais ou menos 2 metros, para que o sabão corra facilmente para os moldes. São usadas também outras espécies de caldeiras com aquecimento a vapor. Entretanto, são usadas somente para a fabricação de sabões a frio. Geralmente, são de aquecimento interno por meio de irradiadores de tubos. A parte superior é munida de um agitador mecânico que facilita bastante o bom resultado da operação. Têm, também, válvulas para regular a admissão do vapor e alavanca, na parte inferior, para se proceder, com rapidez, à evacuação da caldeira.

Máquina de cortar — Esta máquina permite que se obtenham pedaços de sabão do tamanho que se ache conveniente. Consiste num marco de ferro ou madeira ao qual se fixou paralelamente, no sentido horizontal, uma série de arames colocados na mesma distância um dos outros, como vemos na figura 9. Ao passar o bloco de sabão pelos arames, estes o cortam em uma série de pedaços que ficam prontos para a sua transformação em barras. Este é um dos vários tipos de máquina de cortar que se encontram no comércio. Cada fabricante escolhe a que mais se adapte às suas exigências. Há algumas em que os arames estão fixos e o que se move é a plataforma sobre a qual se coloca o bloco de sabão; em outras, o movimento é inverso. Algumas ainda são integralmente construídas em ferro, etc. Geralmente, na construção de tais máquinas, combina-se o emprego do ferro com o de madeira para torná-las mais econômicas.

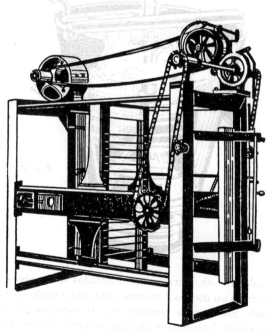

Fig. 9

Mesa cortadora — A mesa cortadora de sabão, tem por objetivo transformar a barra anteriormente obtida na maior quantidade possível de pedras de sabão, com um mínimo de desperdício. A figura 10 mostra uma mesa cortadora. De um lado, uma série de arames são colocados em sentido vertical e a igual distância entre si. Em ângulo reto com estes colocam-se outros arames. A barra de sabão é forçada a passar pelos primeiros e, uma vez cortada dessa forma, em uma série de pedaços, se corta com os outros arames em pedras de sabão, propriamente ditas. Os desenhos de tais máquinas são muito variados. Há algumas movidas a motor, outras à mão. Em outras a operação é inteiramente automática. Nas pequenas indústrias corta-se o sabão por meio de um arame fino de aço e de réguas de pau. Mesmo desta maneira primitiva e simples, duas pessoas podem cortar por dia milhares de barras.

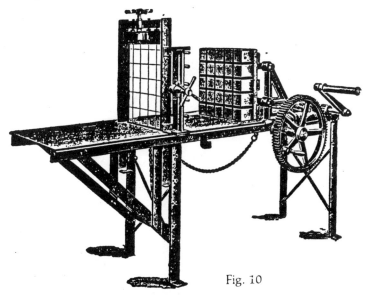

Fig. 10

Em todos estes casos temos que tratar de obter a menor quantidade possível de resíduos. A porcentagem varia entre 10 e 25%, sobre o peso total do sabão tratado.

Alguns fabricantes devolvem os resíduos à caldeira de saponificação; outros, entretanto, os refundem para novamente transformá-los em blocos. Tudo isto depende de muitos fatores particulares, em cada caso. Quando a elaboração do sabão se efetua em pequena escala, aconselhamos que os resíduos voltem à caldeira.

Prensas — As pedras de sabão, antes de serem postas à venda, devem ser prensadas para que ganhem determinada forma e para que nelas se grave a marca do fabricante. Tal prensagem se pode fazer com prensa de pé ou automaticamente. O primeiro tipo se usa em fábricas pequenas. Os grandes estabelecimentos substituem esse processo pelo mecânico. Antes de adquirir uma prensa de pé (fig. 11), é necessário considerar vários pontos, como a variedade de tipos de sabões que se vão prensar, a facilidade da operação, a velocidade, etc.

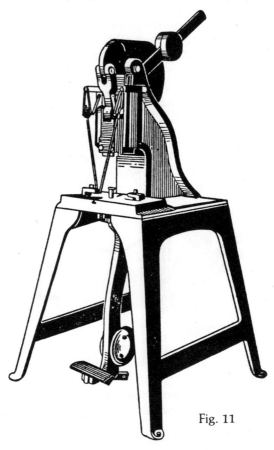

Fig. 11

Para poder ser prensado, o sabão deverá reunir certas condições. Isto tem mais importância no caso da prensa automática, que não apresente nenhuma diferença na potência dos golpes. O operário que maneja uma prensa de pé pode regular, facilmente e com um pouco de prática, a força dos golpes segundo o estado do sabão. Na atualidade, a prensa automática (fig. 12) tem sido preferida à de pé. Na realidade, os modelos variam muito, no desenho, na capacidade, etc. No princípio, tais máquinas só podiam trabalhar com uma estampa, mas hoje em dia quase todas permitem o intercâmbio das estampas para poderem prensar ao mesmo tempo várias formas.

Nas pequenas indústrias dispensa-se a prensa e usa-se somente um carimbo de metal ou madeira para dar ao sabão a marca respectiva.

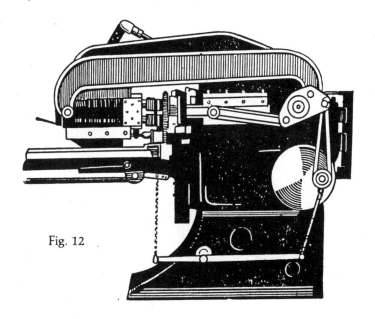

Fig. 12

Tanques ou moldes — Dão-se geralmente na indústria estes nomes aos depósitos que recebem o sabão mais ou menos líquido e quente, quando sai da caldeira, moldando-o ao esfriar. Estes moldes são, não sua maioria, construídos de madeira ou chapa de ferro, de tijolo ou cimento. Suas dimensões diferem e variam entre 100 a 1000 quilos, conforme a produção da caldeira.

Os moldes referidos compõem-se de um fundo e quatro paredes laterais que se ligam entre si por esticadores de ferro ou de madeira forrada de chapas, formando um retângulo (fig. 13). Depois do sabão ter esfriado, desarmam-se as paredes laterais dos moldes, ficando o bloco do sabão nu (fig. 14), sobre o fundo. Deixa-se aí ficar até que tenha esfriado bem, interiormente. A seguir, procede-se ao corte em formato de pedras de sabão para a venda.

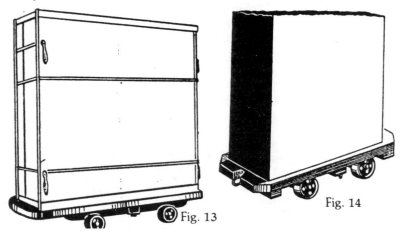

Fig. 13

Fig. 14

Nas grandes indústrias, usa-se para a secagem das barras cortadas, maquinaria especial (fig. 15).

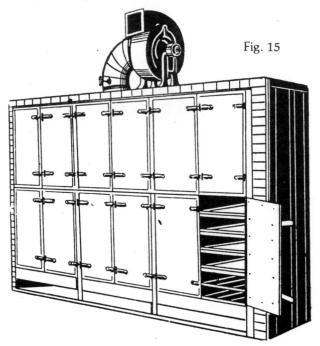

Fig. 15

Nas pequenas indústrias, no entanto, dispensa-se em geral esta maquinaria e o sabão é encaixotado "verde" ou simplesmente secado pelo ar em estantes (figs. 16 e 17).

Fig. 16

Fig. 17

CAPÍTULO VII

SABÃO COMUM

A fabricação de sabão, embora à primeira vista pareça muito simples, requer bastante prática, uma vez que exige certos conhecimentos técnicos. Em geral, progridem nessa indústria aqueles que através de longos anos vêm se inteirando de tudo quanto a ela se refere. Aos principiantes queremos aconselhar que, antes de se enfronharem nos meandros dessa indústria, procurem aprender com perfeição o que se refere à teoria para, depois, entrarem na prática.

Quando o fabricante de sabão tem preparadas as lixívias, pode começar a saponificação propriamente dita, quer dizer, pode, com essa lixívia, saponificar certa quantidade de graxas ou óleos. Dizemos certa quantidade, porque sabemos que toda a qualidade de gorduras ou óleos precisa, para a sua saponificação, quantidades de soda cáustica certas, quimicamente bem calculadas para esse fim.

Geralmente, calcula-se, para a saponificação de 7 partes de substância graxa 1 parte de soda cáustica. Todavia, na fabricação atual de sabões, há ainda um meio mais certo para saber a quantidade exata de soda cáustica para saponificar certa quantidade de óleos ou graxas. A Química moderna conhece o índice de saponificação de cada espécie de óleo e gordura. Este número indica exatamente quantos miligramas de soda cáustica, quimicamente pura, são necessários para saponificar 1 grama de substância graxa.

Damos a seguir, uma tabela dos índices de saponificação até hoje conhecidos.

Tabela do Índice de Saponificação

1 kg de gordura ou óleo precisa para a saponificação	Gramas de soda cáustica
Sebo	138 - 143
Gordura de lã (lanolina)	142,5
Banha de porco	139,5
Gordura de ossos	136,4 - 139,2
Gordura de pé de gado (mocotó)	136,4 - 142,2
Óleo de coco	181,4 - 188,21
Óleo de noz de palma	175,7 - 178,5
Óleo de palma	140 - 146,8
Óleo de oliva	135 - 140
Óleo de sésamo	133,21 - 137,86
Óleo de amendoim	132,5 - 140,71
Óleo de linhaça	133,57 - 139,28
Óleo de girassol	137,86
Óleo de algodão	136,4 - 140,35
Óleo de rícino (mamona)	125,78 - 130,71
Óleo de milho	135,75 - 137
Óleo de soja	136,14 - 137,78

Em todos os casos, as gorduras ou óleos, introduzidos na caldeira, nadam primeiramente por cima da lixívia. Aquece-se até a ebulição moderada e misturam-se os dois componentes por meio do agitador mecânico ou com uma pá ou remo. Disto resulta uma emulsão que é a precursora da massa saponificada.

Em algumas fábricas, logo no começo, faz-se colocação de toda a lixívia na caldeira; em outras, pouco a pouco. O último é certamente o processo mais correto, porque o excesso de lixívia atrasa a formação de sabão. A lixívia e a substância graxa não se misturam facilmente e só com dificuldade forma-se a massa empastada. O sabão, que se formou, neste caso, na lixívia, sobrenada, não se dissolvendo, fechando hermeticamente muita substância graxa ainda não saponificada.

Assim, notando-se fenômenos desta natureza, é conveniente adicionar à caldeira alguns pedaços de sabão de resíduos de outras cocções.

Para saber se as substâncias graxas e as lixívias estão em proporções justas, retira-se de vez em quando, mediante uma colher de madeira, uma prova de pasta que se deposita num vidro, observando-o até que esfrie. Se a gota antes de solidificar-se formar um anel com borda gordurosa, é indício de que existe ainda matéria graxa não saponificada e é preciso continuar com a ebulição e adição da lixívia. Entretanto, se se formar logo em cima da gota uma película, então falta ainda substância graxa. Estando a matéria graxa e a lixívia bem calculadas, forma-se uma gota clara e transparente até ficar solidificada.

Se a massa tiver recebido lixívia demasiada, o que se reconhece facilmente pelo sabor altamente alcalino, isto é, produzindo uma sensação pungente na língua, junta-se ainda um pouco de substância graxa.

As amostras retiradas podem ser também espremidas com as pontas dos dedos. Se a amostra-prova ficar logo seca, reduzindo-se a pó, a extração está terminada.

Na adição da lixívia é melhor começar com uma de 8-12º Bé e continuar a extração juntando lixívias de 15-26º Bé.

Nunca se deve colocar nova lixívia, sem que a anterior esteja completamente incorporada à massa empastada.

Um característico da formação do sabão é a espuma e crescimento da massa empastada. Quanto mais o processo da formação do sabão vai chegando ao fim, tanto mais desaparece a espuma, resultando uma massa fervente tranqüila e uniforme, que se pode puxar em fios delgados e compridos. Deixa-se, então, apagar o fogo.

O tempo necessário para o cozimento do sabão depende naturalmente da quantidade de substâncias graxas a saponificar e também do modo de fazer o sabão com fogo nu ou com vapor. Geralmente são necessárias de 3 a 6 horas.

Pronto o sabão, faz-se o recheio (carga) com silicato, caulim, talco, etc., antes de retirá-lo para os moldes.

Atendo-nos aos métodos comumente seguidos na elaboração dos sabões, podemos classificá-los em três tipos principais: **fervidos, semifervidos e a frio.**

Sabões fervidos — Estes sabões podem ser duros ou moles, de pouca consistência, segundo se saponifiquem com soda cáustica ou potassa cáustica, respectivamente; por sua parte, os sabões moles são feitos, separando-se a glicerina, ou então, sem separá-la.

Para a fabricação de sabões fervidos, adiciona-se ou não certa quantidade de resina. Costuma-se prescindir deste material quando os sabões são de toucador.

Pelo contrário, os **sabões fervidos para lavar** não dispensam o emprego da resina, que lhes dá certas propriedades particulares. É sabido que a resina forma resinato de sódio com a reação que se processa, por efeito da soda cáustica usada na saponificação. Isto posto, embora, na realidade, não seja um sabão, possui propriedades detergentes, forma um corpo brando e é, também, completamente solúvel em água fria. Se se juntar a isto o baixo preço da resina, ver-se-á a vantagem que representa sua incorporação ao sabão.

No caso do **sabão fervido sem resina (de toucador),** para levar a cabo a saponificação, é necessário seguir uma série de processos, cujo número varia. Com dois processos somente se poderia obter o sabão concluído, mas isto redundaria em prejuízo de sua coloração e da recuperação da glicerina. Destes dois processos, o primeiro é a saponificação e o segundo é o término. Quando se seguem mais processos, em geral os primeiros consistem em saponificações parciais, o penúltimo na saponificação total e o último no término. As saponificações parciais vão acompanhadas de uma salgadura e uma recuperação parcial da glicerina. Não obstante o indicado, pode-se alterar a ordem dos processos intermediários, segundo o tipo de sabão que se pretenda elaborar.

Sabões semifervidos — A fabricação dos sabões semifervidos é muito mais simples do que a dos anteriores. Nestes não se separa a glicerina, a qual, por conseguinte, fica formando parte integrante da massa do sabão. A saponificação é começada com vapor indireto e terminada com vapor direto.

Para a elaboração de sabões semifervidos, requer-se o mesmo processo usado na fabricação a frio, com a diferença de que o volume da instalação de vapor deverá ser maior, embora se necessite mais calefação. As matérias-primas devem ser de boa qualidade se se pretende obter um produto excelente.

Como não se recupera a glicerina, o processo resulta um pouco caro. Muitos seguem o método que, a seguir indicaremos para a obtenção do sabão comum para lavar.

Para fabricar o **sabão semifervido para lavar** convém empregar uma mistura de sebo e óleo de coco, para assegurar um produto compacto, homogêneo, durável e que forme espuma abundante. A saponificação se faz com soda cáustica, cuja percentagem se fará, calculando-se de acordo com a matéria graxa usada e diluindo-se até a densidade de 25º Bé.

Colocam-se os óleos e as gorduras na caldeira, deixa-se esquentar moderadamente com vapor indireto e junta-se a lixívia alcalina, mexendo-se ao mesmo tempo para favorecer a reação. Quando for oportuno, dá-se vapor direto, com o que o processo estará terminado.

O sabão assim obtido tem o inconveniente de conter todas as impurezas das matérias-primas e, por essa razão, aconselhamos que estas sejam de muito boa qualidade. Depois de frio, adquire a solidez e firmeza necessárias para o término, na forma explicada anteriormente.

Sabões a frio — Para a fabricação dos sabões a frio, requer-se a mesma instalação que para os semifervidos.

Já que estamos falando de fabricação do sabão comum, não podemos passar por alto quanto à saponificação com carbonatos alcalinos, que consiste em tratar os ácidos graxos (oléico, esteárico, etc.) com carbonatos, até saponificá-los. A operação é simples e rápida, não se separando a glicerina, posto que esta tenha sido já separada da gordura, ao pôr os ácidos gordurosos em liberdade.

Na realidade os sabões a frio não são fabricados absolutamente a frio, mas à temperatura de fusão das gorduras, geralmente uns 40ºC, produzindo-se, assim mesmo, grande desprendimento de calor durante o processo. Apresentam uma textura compacta característica, conservam sua forma por largo tempo (mais do que os fervidos) e são de fabricação simples.

As características do produto melhoram se a saponificação se realizar substituindo-se uma pequena quantidade da soda cáustica empregada, por potassa cáustica.

Um bom trabalho deve reunir os seguintes requisitos: pureza dos ingredientes, dosagem exata das lixívias, densidade apropriada das lixívias, temperatura exata dos ingredientes antes da mistura e contato íntimo dos mesmos durante a reação. Como todos os ingredientes usados ficam na massa do sabão, será necessário, para assegurar uma saponificação uniforme e um produto de bom aspecto, empregar gorduras neutras ou com a porcentagem mínima de ácidos gordurosos livres e uma boa cor. O sebo usado geralmente é do tipo comestível, embora também se possa recorrer a outras qualidades inferiores. Os óleos de algodão, coco, etc., são os que mais se usam para esta classe de sabão. Os álcalis serão do tipo comercial comum e se usarão em soluções de 36-38º Bé. A este respeito, deve-se ter presente que, se a densidade se mede a quente, sempre será menor do que a que marque o areômetro, a 15ºC, que é a temperatura que temos indicado. Neste caso, façam-se as correções necessárias.

A dosagem das lixívias faz-se de acordo com o índice de saponificação de uma das gorduras ou dos óleos empregados. Para isto, aconselhamos a consulta da tabela no final do livro.

Ter-se-á que considerar a acidez livre das matérias graxas e a pureza dos álcalis.

Como carga (recheio) incorporam-se geralmente quantidades variáveis de silicato de sódio. Em tais casos, se aumenta a porcentagem de álcali, pois que parte deste é absorvido pelo material do enchimento indicado. O emprego de carbonato alcalino, como enchimento, tem sido posto de parte por não ser de todo satisfatório.

Para a fabricação de um bom **sabão a frio para lavar,** as matérias-primas de que se necessita não podem ser mais simples, como veremos no método que iremos expor.

Fórmula 1

Sebo	75 kg
Óleo de coco	25 kg
Solução de soda cáustica a 35° Bé	75 kg
Silicato de sódio	125 kg
Soda Solvay (lixívia a 36° Bé)	20 kg

Fórmula 2

Sebo	250 kg
Óleo de palma	375 kg
Soda cáustica a 38° Bé	312 kg
Carbonato de potássio a 20° Bé	37 kg
Solução de sal comum a 20° Bé	25 kg

Fórmula 3

Óleo de coco	100 kg
Óleo de palma	100 l
Soda cáustica a 32° Bé	250 l
Silicato de sódio a 36° Bé	50 l
Álcool a 96°	1 l

Colocam-se o sebo e o óleo de coco na caldeira e esquenta-se até uma temperatura de cerca de 60°C. Coloca-se, então, sobre eles a solução de soda cáustica que se encontra à temperatura ambiente, misturando-se depressa para favorecer a reação. Continua-se com a mistura até que a massa comece a tornar-se espessa e logo se incorpora a lixívia de carbonato de sódio, na qual se terá dissolvido previamente o silicato de sódio, que também se manterá à temperatura ambiente. O sabão novamente se tornará mais líquido. Quando uma marca traçada sobre sua superfície permanecer muito tempo sem desaparecer, isto é sinal de que está concluído o sabão. Se fôssemos juntar-lhe algum perfume, isto se faria ao juntar o silicato.

As matérias empregadas para fabricar estes tipos de sabão, como dissemos, são baratas e simples. São indispensáveis tanques de armazenagem para os materiais gordurosos (fig. 18) e outros para a preparação das lixívias. Tais ingredientes se podem verter por simples gravidade dentro de um misturador (fig. 19), de onde se leva o efeito a saponificação. Por outro lado, necessitamos dos aparelhos requeridos, de acordo com o que se vai efetuar.

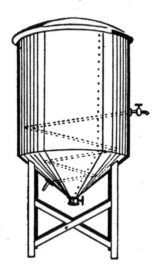

Fig. 18

Sabões à base de carbonato — Estes sabões preparam-se do seguinte modo: em uma caldeira coloca-se a quantidade de solução de carbonato de sódio a 20-25° Bé, calculado segundo o peso dos ácidos gordurosos a tratar. Leva-se a ferver em ebulição e vai-se adicionando a oleína ou os ácidos graxos selecionados, mexendo-se continuadamente até que cesse o burburinho, sintoma inequívoco de que a saponificação chegou ao fim. Termina-se o processo adicionando-se uma pequena quantidade de lixívia de soda cáustica a uns 30° Bé.

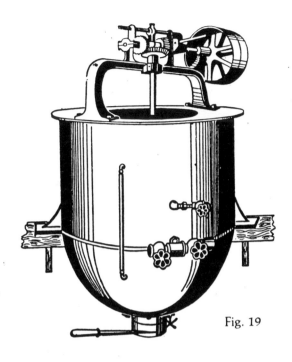

Fig. 19

Saponificação parcial — Para a saponificação parcial, carrega-se a caldeira, que pode ser de qualquer um dos tipos que atrás indicamos, com as gorduras e adiciona-se a quantidade necessária de vapor direto, para obter uma agitação suave; põe-se, em seguida, a lixívia alcalina a 18-20º Bé e continua-se lentamente a ebulição até que a massa comece a tornar-se espessa. No caso do espessamento ser excessivo e atrapalhar a operação, convém juntar de 1 a 2% de sal, a fim de que isso se evite. Depois de cerca de quatro horas ou do tempo que se ache necessário para a saponificação, tira-se uma amostra do sabão da caldeira que represente o total de seu conteúdo e toma-se seu gosto na língua.

Se o gosto for forte, prosseguir-se-á com a fervura durante maior tempo, posto que, todavia, fique álcali livre. Repete-se, então, o ensaio e, se continuar com o mesmo gosto forte, é necessário que se junte mais gordura na caldeira. Ao fazer esta prova, se o sabor encontrado não for forte, pode-se dizer que a saponificação é completa.

Embora tenhamos indicado o emprego de uma lixívia a 20º Bé, em certos casos convém que seja mais concentrada, ainda que, durante a operação se dilua com a água de condensação do vapor direto, juntado à masa. Se ao chegar ao término da saponificação se notar que o conteúdo da caldeira ficou muito espesso, se diluirá cuidadosamente com água.

Junta-se, então, solução de sal ou simplesmente sal sólido e deixa-se a massa em repouso até que forme três camadas; a superior, de sabão puro; a intermediária, de uma mistura de sabão e lixívias residuais; e a inferior de glicerina e líquidos residuais. Se, ao cabo de determinado tempo, se notar que a saponificação não foi completa, procede-se à saponificação total, fazendo-se as correções necessárias.

O sabão obtido é levado aos tanques misturadores e aí terminado na forma mais conveniente. Geralmente, depois de seca, é a massa cortada em barras. O sabão comum para lavar é preparado à base de sebo e resina.

Sabões fervidos comuns e suas fórmulas — A título de exemplo, damos, a seguir, alguns tipos de sabões fervidos comuns e suas respectivas fórmulas.

a — Sabão para lavagem em geral

Fórmula

Ácido esteárico	18 partes (peso)
Óleo de coco	2 partes (peso)
Soda cáustica (sólida)	3 partes (peso)
Água	quanto baste

Dissolve-se a soda cáustica na quantidade de água necessária para obter uma lixívia a 30° Bé. Procede-se à saponificação pelo processo comum de saponificação de sabões fervidos.

O produto obtido por esta forma é o sabão branco de coco que se encontra, geralmente, no mercado.

b — Sabões silicatados — Assim são chamados os sabões que contêm uma porcentagem elevada de silicato de sódio. Não servem para o toucador.

Fórmula

Sebo	523 partes (peso)
Óleo de coco	174 partes (peso)
Soda cáustica (lixívia a 50° Bé)	237 partes (peso)
Silicato de sódio (sol. a 40° Bé)	420 partes (peso)
Água	100 partes (peso)

Com estes ingredientes, prepara-se um sabão branco.

A fórmula acima indicada, para fabricação de sabão, silicatado, é executada pelo processo geral de fabricação de sabões fervidos. A água incluída tem por fim diluir a lixívia sódica, quando muito concentrada.

ç — Sabão duro

Fórmula 1

Gordura de coco	5 partes (peso)
Lixívia de soda a 30º Bé	3 partes (peso)

Coloca-se na caldeira a gordura acompanhada de 1 kg de água para cada 2 kg de gordura; junte-se a lixívia lentamente. O sabão resultante é bem bom, duro e fácil de dissolver.

Fórmula 2

Gordura de coco	2 partes (peso)
Lixívia de soda a 30º Bé	1 parte (peso)

Fundir primeiro a gordura a fogo moderado, juntando-se a lixívia lentamente; sempre mexendo, junta-se água bem quente.

d — Sabão de coco e sebo

Fórmula

Lixívia de soda cáustica a 19º Bé	3,5 partes (peso)
Gordura de coco	2,5 partes (peso)
Óleo de rícino	0,25 partes (peso)
Salmoura a 17º Bé	2,75 partes (peso)
Silicato de sódio a 28-30º Bé	1 parte (peso)

Fervendo a solução de soda cáustica na caldeira, juntam-se lentamente as substâncias graxas, previamente misturadas a quente, mexe-se bem e deixa-se ferver durante vinte minutos, aproximadamente. Em seguida, junta-se, em quatro vezes, a salmoura. Deixa-se esfriar um pouco e incorpora-se em pequenas porções a solução de silicato de sódio. Esquenta-se ligeiramente o sabão formado para ser vertido nos moldes.

e — Sabão de óleo de palma

Fórmula

Óleo de palma	15 partes (peso)
Lixívia de soda cáustica a 36º Bé	7 partes (peso)

Esquente-se o óleo e junte-se a lixívia lentamente, mexendo continuamente. Colocar em formas antes de esfriar.

f — Sabão de óleo de palma e sebo

Fórmula

Sebo purificado	7,33 partes (peso)
Óleo de palma	7,50 partes (peso)
Lixívia de soda a 30º Bé	11,50 partes (peso)
Colofônia	10 partes (peso)

Em vasilhas separadas, funde-se a colofônia e esquenta-se a lixívia. Põem-se as matérias graxas líquidas na caldeira, esquentam-se e junta-se a colofônia. Batendo sempre a massa, tira-se do fogo e junta-se a lixívia, previamente aquecida.

g — Sabão de estearina

Fórmula

Estearina	3 kg
Soda cáustica	1 kg
Água	15 l

Dissolvida a soda cáustica, previamente, na água quente, mistura-se à estearina e deixa-se ferver durante 2 horas.

A massa compacta obtida é colocada em formas ou moldes antes de esfriar.

h — Sabão de sebo

Fórmula

Sebo purificado .... 15 partes (peso)
Lixívia de soda cáustica .... 7 partes (peso)

O sebo, seja de vaca ou de carneiro, saponifica-se com alguma dificuldade. Por isso, usam-se para esta saponificação lixívias bem concentradas. Convém seguir as seguintes operações:

Primeiro, esquenta-se o sebo em mistura com uma lixívia fraca a 10-12º Bé, fazendo com que o sebo passe para o estado globular, antes de dar princípio à saponificação. Este estado globular consegue-se esquentando-se o sebo com água a 45ºC aproximadamente, o que determina a transformação da graxa em pequenas bolhas.

A lixívia não deve conter sal algum, pois que esta substância prejudica a saponificação.

À quarta parte da lixívia na caldeira, quando fervendo, deve-se juntar a totalidade do sebo. A graxa combinar-se-á imediatamente, formando um líquido leitoso. Aparece sempre, no princípio da operação, na superfície do líquido, uma espuma abundante que logo diminui e cuja desaparição completa indica que a massa saponácea está formada.

Quando se utilizam matérias graxas, sebo ou lixívias com impurezas, o sabão resultante pode ser muito escuro.

Perto de ferver, o sebo é retirado do fogo, juntando-se, então, a lixívia, pouco a pouco, até formar uma pasta homogênea. O sabão de sebo puro tem de ser dessalgado ou misturado com sabões de óleo de coco.

i — Sabão de resina — Este sabão é preparado pelos seguintes processos:

1.º — Saponificando-se separadamente as substâncias graxas e a resina e misturando-se os sabões terminados;

2.º — Saponificando-se primeiro a gordura e adicionando-se a resina depois da saponificação;

3.º — Fundindo-se juntamente a gordura e a resina, adicionando-se aos poucos a lixívia e mexendo-se bem sempre, até que a massa do sabão principie a tornar-se espessa.

Fórmula

Resina	50 partes (peso)
Óleo de coco	26,5 partes (peso)
Lixívia de soda cáustica a 35º Bé	80 partes (peso)

Os sabões de resina, em geral amarelos ou pardos e transparentes, conservam sempre o odor próprio da resina. Se se quiser eliminar este cheiro característico, basta misturar à massa do sabão nitrobenzeno, na proporção de 3 gramas para 5 quilos do produto.

j — Sabão de resina comum

Fórmula

Óleo de coco	5 l
Soda cáustica	5 kg
Resina triturada	5 a 30 kg
Sal	40 g
Água	4 l
Sulfato de sódio	25 g

Ferver durante uma hora 5 litros de óleo de coco misturados com 5 quilos de soda cáustica, previamente dissolvida em quatro vezes seu peso de água. Terminada a saponificação, junte-se 5 a 7 quilos de resina triturada. Ferver ainda mais 15 minutos, adicionando-se, então, uma solução de 40 gramas de sal em 2 litros de água, associada a outra de 25 gramas de sulfato de sódio, também em 2 litros de água, o que se faz aos poucos, em três ou mais vezes, mexendo-se sempre a pasta, à medida que se adiciona a mistura.

k — Sabão branco, estilo "Marselha"

Fórmula

Azeite de cacau comercial	10,00 partes (peso)
Óleo de rícino	1,25 partes (peso)
Óleo de palma	1,25 partes (peso)
Água	11,25 partes (peso)
Lixívia de soda cáustica a 30º Bé	12,50 partes (peso)

Colocam-se as substâncias graxas na caldeira e eleva-se a temperatura a 40º C; suspende-se o fogo e junta-se a água aos poucos, mexendo-se a mistura, regularmente, sempre no mesmo sentido, até que a consistência da massa impeça este movimento.

Deixa-se, então, repousar a massa por cerca de três horas e junta-se 750 gramas de sal. Depois de mais de uma hora de fervura, deixa-se esfriar lentamente e repousar por uma noite. No dia seguinte, separa-se a lixívia que se encontra no fundo da caldeira e despeja-se o sabão nos moldes. Antes desta última operação, convém misturar bem a massa, a fim de conseguir sua perfeita homogeneidade. Retira-se dos moldes depois de 48 ou 72 horas.

A lixívia que sobra serve para nova fabricação.

Na falta de azeite de cacau ou óleo de rícino pode-se substituir por sebo branco puro ou oleína de saponificação. O azeite de cacau não convém que seja puro, pois não daria boa consistência ao sabão.

CAPÍTULO VIII

SABÕES FABRICADOS PELOS SISTEMAS INGLÊS E ALEMÃO

Sabão semicozido (sistema inglês)

Fórmula

Óleo de coco	10 partes (peso)
Palmiste ou sebo	2 partes (peso)
Resina Branca	1 partes (peso)
Lixívia de soda cáustica a 20º Bé	20 partes (peso)
Lixívia de potassa a 25º Bé	5 partes (peso)
Solução de silicato de sódio a 34º Bé	2 partes (peso)
Solução do cloreto de sódio a 17º Bé	8 partes (peso)

Para se proceder à fabricação, colocam-se primeiro todas as gorduras na caldeira, acende-se o fogo ou abre-se o vapor de forma que a fusão dos óleos se faça num calor moderado. Quando as matérias gordas estiverem fundidas, tira-se o fogo ou fecha-se o vapor, junta-se a pouco e pouco a lixívia concentrada a 30º Bé, agitando sempre com rodo ou com o agitador mecânico (fig. 20) ou espátula até que o empaste esteja completo, o que se conhece quando a massa se torna grossa, a ponto de dificultar o trabalho com o agitador. Neste estado deixa-se repousar por espaço de uma hora e, passado esse tempo, acende-se de novo o fogo e vai-se colocando lentamente a lixívia fraca a 3-4º Bé para que a massa se dissolva; deixa-se ferver até que o sabão esteja completamente líquido e tenha a aparência do mel. Retira-se, então, novamente o fogo e deixa-se repousar por algum tempo, colocando-se em seguida nos moldes. Para dar-lhe arraiado, usa-se o processo geral de fabricação dos sabões tipo "Offenbach".

Fig. 20

Sabão econômico (sistema alemão)

Fórmula

Óleo de coco	10 partes (peso)
Palmiste ou sebo	2 partes (peso)
Resina branca	1 partes (peso)
Lixívia de soda cáustica a 20° Bé	20 partes (peso)
Lixívia de potassa a 25° Bé	5 partes (peso)
Solução de silicato de sódio a 34° Bé ...	2 partes (peso)
Solução de cloreto de sódio a 17° Bé ...	8 partes (peso)

Colocam-se na caldeira as gorduras e as resinas, acende-se o fogo ou abre-se o vapor para fazer a fusão e ligação íntima dos produtos. Quando tudo estiver bem ligado, junta-se a lixívia de soda cáustica e a de potassa, tendo o cuidado de mexer continuamente para que o empaste seja bem rápido; deixa-se ferver até que a massa apresente muita espuma e transborde da caldeira. Neste estado vai-se colocando lentamente a solução do cloreto de sódio; deixa-se ferver por algum tempo a fogo brando, até que, colocando uma amostra sobre o vidro frio, ela acuse a consistência necessária. Nestas condições junta-se a solução de silicato de sódio e deixa-se ferver ainda por espaço de meia hora, mais ou menos, agitando sempre a massa.

Depois de duas ou três horas de repouso, tira-se o sabão para os moldes.

Outras fórmulas - Damos a seguir mais algumas fórmulas de sabão econômico (sistema alemão) de grande rendimento.

Fórmula 1

Óleo de coco	18 partes (peso)
Sebo	2 partes (peso)
Lixívia de soda cáustica a 36º Bé	12 partes (peso)
Lixívia de potassa a 30º Bé	13 partes (peso)
Solução de cloreto de sódio a 21º Bé	8 partes (peso)

Fórmula 2

Óleo de coco	17 partes (peso)
Sebo	3 partes (peso)
Lixívia de soda cáustica a 36º Bé	12 partes (peso)
Lixívia de potassa a 28º Bé	8 partes (peso)
Lixívia de soda Solvay a 24º Bé	5 partes (peso)
Solução de cloreto de sódio a 20º Bé	8 partes (peso)

Fórmula 3

Óleo de caroço de palma	18 partes (peso)
Sebo	2 partes (peso)
Lixívia de soda cáustica a 36º Bé	12 partes (peso)
Lixívia de potassa a 30º Bé	4 partes (peso)
Lixívia de soda Solvay a 22º Bé	7 partes (peso)
Solução de cloreto de sódio a 20º Bé	8 partes (peso)

O sabão fabricado na base das fórmulas anteriores oferece um rendimento de até 275%.

Podemos também obter um sabão bastante econômico, de 300-350% de rendimento, com as duas seguintes fórmulas:

Fórmula 4

Óleo de coco	20 partes (peso)
Óleo de palmiste	20 partes (peso)
Breu escuro	6 partes (peso)
Lixívia de soda cáustica a 37° Bé	25 partes (peso)
Lixívia de potassa a 25° Bé	25 partes (peso)
Lixívia de soda Solvay a 20° Bé	5 partes (peso)
Silicato de sódio	12 partes (peso)

Fórmula 5

Óleo de palmiste	20 partes (peso)
Breu escuro	2 partes (peso)
Lixívia de soda cáustica a 37° Bé	12 partes (peso)
Lixívia de potassa a 30° Bé	13 partes (peso)
Lixívia de soda Solvay a 30° Bé	10 partes (peso)
Silicato de sódio	4 partes (peso)

Podemos ainda obter sabões mais econômicos com as duas fórmulas seguintes, que chegam a apresentar rendimentos de 400-800% de aproveitamento.

Fórmula 6

Óleo de coco	5 partes (peso)
Lixívia de soda cáustica a 36° Bé	3 partes (peso)
Lixívia de potassa a 24° Bé	5 partes (peso)
Solução de cloreto de sódio (sal) a 20° Bé	5 partes (peso)
a 18° Bé	15 partes (peso)

Fórmula 7

Óleo de coco	10 partes (peso)
Lixívia de soda cáustica a 36° Bé	8 partes (peso)
Lixívia de potassa a 20° Bé	20 partes (peso)
Lixívia de soda Solvay a 15° Bé	6 partes (peso)
Solução de cloreto de sódio (sal) a 8° Bé	5 partes (peso)
a 10° Bé	6 partes (peso)

CAPÍTULO IX

SABÕES TIPO "OFFENBACH" E "ESCHWEGE"

Sabão tipo "Offenbach" - Deixando de parte certas considerações que reputamos supérfluas, passaremos a expor como obter este tipo de sabão.

Primeiro, vai para a caldeira a quantidade total de gordura. Antes, deve ser preparada a lixívia necessária para a saponificação, cuja concentração não deve ultrapassar de 10-12º Bé.

Acende-se o fogo ou abre-se o vapor e faz-se com que os óleos se fundam a uma temperatura moderada. Em seguida, coloca-se a lixívia, pouco a pouco, mexendo-se sempre com o auxílio de rodos ou com o agitador mecânico até a última liga da lixívia com as gorduras, o que se percebe quando a massa se torna homogênea. Depois de algum tempo, pela saponificação, transforma-se num líquido leitoso. Deve-se ativar, então, o fogo até a ebulição, a fim de que comece a cozedura. Depois de algumas horas, o líquido torna-se mais claro, desde que as proporções do ácido gordo e das lixívias estejam bem calculadas e começa a formar-se a massa saponácea.

Acontece freqüentemente haver excesso de uma ou de outra destas matérias, o que se pode reconhecer com facilidade colocando uma gota de massa em cozedura na caldeira sobre uma chapa de vidro. Se após o resfriamento a gota se solidifica envolvida por um disco gorduroso transparente, de cor mais clara, isso quer dizer excesso de gordura e, neste caso, é necessário juntar-lhe a pouco e pouco alguma lixívia com a mesma graduação da anterior. Algum tempo depois tira-se uma nova amostra e se ela, esfriando sobre o vidro, se conservar líqüida e com aspecto mais ou menos turvo, é sinal de lixívia em excesso e deve-se, então, ativar o fogo ou aumentar o vapor para que se proceda à evaporação; finalmente, se a solidificação da amostra sobre o vidro é mais ou menos rápida, ficando com consistência um pouco transparente, isso quer dizer que estão bem calculadas a lixívia e as gorduras, devendo-se, então, continuar a cozedura até que se reconheça estar pronta para proceder-se à salga, o que na prática se conhece pelo fato da massa não apresentar espumas e começar a envolver-se a parte de cima com a do fundo em resultado da ebulição.

Ao atingir a massa estas condições, junta-se uma solução de cloreto de sódio (sal marinho), a 18-20° Bé, e na proporção de 50 a 60% das gorduras saponificadas. Este líqüido vai-se colocando lentamente e agitando sempre a fim de que se facilite a separação, o que se reconhece com facilidade quando a massa aparece um tanto granulada, separando-se a lixívia fraca e a glicerina que se deposita no fundo. Neste estado é que se retira o calor e deixa-se que a massa repouse durante algum tempo, para, em seguida, se proceder à fase denominada "sangria". Se se empregou na fabricação lixívia de potassa, esta operação tem a propriedade de transformar o sabão de potassa em sabão de soda.

Deixando-se repousar a massa por algum tempo, abre-se, depois, a torneira do condutor que existe na parte inferior da caldeira e deixa-se correr para outro recipiente toda a lixívia, até que principie a sair a massa do sabão. Após ter-se feito a sangria das lixívias, motivada pela operação da salga, procede-se à clarificação, que consiste em juntar à massa, lixívia com concentração de 20-22° Bé, na quantidade de 5% das gorduras saponificadas e mantendo a massa em estado de ebulição para que algumas gorduras se saponifiquem, se porventura ainda não estiverem completamente transformadas em sabão; deixa-se repousar e procede-se de novo à sangria. Depois da sangria das lixívias, provenientes da clarificação, procede-se à purificação, que consiste em colocar novamente na caldeira, lixívia fraca com a concentração de 6 ou 8° Bé, numa proporção de aproximadamente 30 a 40% das gorduras saponificadas; ativa-se o fogo ou aumenta-se o vapor até que grandes placas de sabão se formem à superfície, que quase sempre apresenta uma cor amarelada. Apaga-se, então, o fogo ou tira-se o vapor e deixa-se que o produto repouse pelo espaço de três a quatro horas, a fim de que as matérias estranhas se depositem; coloca-se, em seguida, o sabão nos moldes.

A clarificação e purificação são empregadas geralmente para o fabrico de sabões muito finos ou sabonetes.

Na fabricação de sabões comuns a massa é quase sempre passada para os moldes logo depois da salga.

Fórmulas de sabão tipo "Offenbach"

Fórmula 1

Óleo de palmiste	10 partes (peso)
Óleo de coco	10 partes (peso)
Óleo de palma	10 partes (peso)
Sebo	10 partes (peso)
Lixívia de soda cáustica a 25º Bé	43 partes (peso)
Solução de cloreto de sódio a 18 ou 20º Bé	20 partes (peso)

Fórmula 2

Óleo de palma branqueado	20 partes (peso)
Óleo de coco	20 partes (peso)
Óleo de palmiste	20 partes (peso)
Purgueira	10 partes (peso)
Lixívia de soda cáustica a 20º Bé	82 partes (peso)
Solução de cloreto de sódio a 18 ou 20º Bé	35 partes (peso)

Fórmula 3

Óleo de coco	20 partes (peso)
Óleo de palmiste	20 partes (peso)
Óleo de palma (não clarificado)	5 partes (peso)
Sebo	15 partes (peso)
Lixívia de soda cáustica a 15º Bé	84 partes (peso)
Solução de cloreto de sódio a 18 ou 20º Bé	30 partes (peso)

Sabão tipo "Eschwege" - Este tipo de sabão é fabricado sempre com uma mistura de gorduras animais, sebo, etc., e de óleos de amendoim, de rícino, de palma e de coco.

Antigamente usava-se o método indireto, sacrificando-se as gorduras que podiam ser separadas da glicerina e dessalgadas à parte, numa caldeira; noutra, os óleos que não podiam ser separados pela salga, como os óleos de coco e de nozes de palma, misturando os sabões quentes depois.

Hoje emprega-se, para não perder tempo, quase só o método direto, saponificando-se todos os componentes ao mesmo tempo em uma caldeira.

Fórmulas de sabão tipo "Eschwege"

Fórmula 1

Sebo	25 partes (peso)
Óleo de coco	12 partes (peso)
Lixívia de soda cáustica a 28º Bé	25 partes (peso)
Solução de sal a 25º Bé	4 partes (peso)

Fórmula 2

Gordura de ossos	5 partes (peso)
Sebo	5 partes (peso)
Óleo de coco	10 partes (peso)
Lixívia de soda cáustica a 25º Bé	20 partes (peso)
Silicato de sódio	6 partes (peso)

CAPÍTULO X

SABÕES DE ALCATRÃO

O sabão de alcatrão toma esse nome por levar em sua composição alcatrão de pinho, extraído da árvore do mesmo nome. Possui propriedades desinfetantes, que comunica de comum ao sabão e que são motivadas pela presença de fenol e seus homólogos, cresol e guaiacol. Os ácidos orgânicos, mormente o acético, figuram nele em quantidade importante. Os compostos indicados se combinam com o álcali, o que explica a propriedade que tem essa matéria de absorver com rapidez o álcali que se manifesta na caldeira.

Quase sempre se exige de um sabão de alcatrão que tenha cor escura, seja suave ao tato e ofereça um acabamento fino brilhante, de contextura rígida e pronunciado odor do alcatrão de pinho, assim como a propriedade de espumar com rapidez.

A quantidade de alcatrão de pinho conveniente, varia entre 5 a 25% nas qualidades mais empregadas. O fabricado recentemente é pardo, mesmo quando contenha 25% de alcatrão; a rapidez com que se muda em negro ao contato com o ar, depende da proporção de alcatrão que se utilize.

Pode-se fabricar o sabão de alcatrão pelo processo a frio ou, com maior facilidade, por simples adição, durante o empaste, do alcatrão neutralizado com álcali ao sabão semicozido ou salgado. Se se emprega alcatrão ácido não neutralizado, destrói-se às vezes, com a matéria graxa na caldeira, fabricando-se sabão semicozido destinado a ser vendido como tal ou a ser empregado como base do sabão de toucador. O óleo de coco comunica a propriedade de espumar rapidamente e podemos utilizá-lo em qualquer proporção, dentro dos limites de 25 a 50% com sebo.

A vantagem da adição de resina num sabão desta classe é manifesta. Tal sabão absorve o desperdício de sabão de qualquer classe ou cor. A proporção não deve ser tão grande que modifique o gênero do sabão. O emprego do silicato de sódio é recomendável. Quanto ao carbonato de sódio, será ele utilizado com moderação se é que se faz uso dele para evitar a eflorescência. Pode-se fazer variar a diversidade de cor e o odor de sabão de alcatrão, quer seja variando a proporção de alcatrão que se empregue, quer utilizando a quantidade de negro de anilina que tal uso requer. A absorção de álcali pelo alcatrão de pinho, embora variável, é de importância. A fórmula usual compreende:

Óleo de coco	60 partes (peso)
Sebo	60 partes (peso)
Alcatrão de pinho	16 partes (peso)
Lixívia cáustica a 36° Bé	75 partes (peso)
Silicato de sódio	8 partes (peso)
Lixívia de potassa a 36° Bé	2 partes (peso)

Com os "desperdícios" em reserva, pode-se juntar 40 partes (peso) à mistura anterior.

Esquenta-se a gordura incorporada e o alcatrão de pinho a 82,2°C. Se se empregam "desperdícios", nessa mistura, juntam-se a gordura (já na misturadora), a lixívia mista e o silicato. Agita-se a massa durante 5 minutos aproximadamente e deixa-se repousar durante uma hora, procedendo-se logo ao empaste, até a perfeita combinação do conjunto. Agrega-se a lixívia de potassa e agita-se até que o sabão fique liso e espesso, sendo, então, derramado em moldes. Se bem que se possa fazer, pelo processo a frio, um sabão de alcatrão de boa qualidade, obtém-se melhor resultado para esta classe de sabões usando-se o processo a quente, ou seja, férvido.

A incorporação de alcatrão, durante o empaste, não apresenta nenhuma dificuldade, assim como não é necessário limpar completamente a misturadora-agitadora antes de empregá-la em tal uso. A proporção de alcatrão depende da intensidade de odor e cor que se deseja; a permanência desta última característica pode se assegurar mediante o emprego de negro de anilina solúvel. A quantidade de alcatrão não deve ser muito grande, a ponto de colorir demasiadamente a espuma. A preparação dos produtos incolores da destilação do pinho com seu odor característico permite que se obtenha também um sabão de alcatrão branco. Segundo o American Soap Journal, as indicações que se seguem são ideais para a fabricação do sabão desta espécie pelo processo semicozido:

"A preparação de uma boa qualidade deste sabão não é coisa muito fácil, como se poderá crer à primeira vista. Muitos sabões de alcatrão fabricados por processos similares aos de toucador, provocam um gasto de maquinaria que muito rebaixa nossos meios. Se podemos fazer, agora, um sabão que espume com rapidez, de aspecto escuro, lustroso, polido e bastante resistente, a ponto de moldar-se por pressão, segundo a forma de barra redonda geralmente adotada para este tipo de sabão, teremos obtido um sabão cozido que a maioria não poderia chamar de sabão de toucador e algo que daria o melhor resultado ao ser empregado. Não é tanto a quantidade de alcatrão empregada que lhe dá o aspecto escuro e lustroso tão desejado, mas a maneira de terminá-lo; embora se empregue grande quantidade de alcatrão, se não for bem terminado, o sabão se apresentará pardo. O melhor método considerado para seu preparo é o que se segue.

"Toma-se 135 Kg de sebo e 135 Kg de óleo de coco ou 182 Kg de sebo e 91 Kg de óleo de coco (nunca menos). Põe-se numa caldeira pequena, com serpentina para vapor seco (fig. 21), todo o sebo e mais ou menos a metade do óleo de coco. Dá-se, então, início à incorporação da lixívia de 8-10° Bé, até a reação completa. Aumenta-se a concentração até 25-30° Bé. Depois da saponificação a massa será clara e de sabor picante. Continua-se a ebulição durante alguns minutos. Logo se incorpora aproximadamente 27 litros de alcatrão de pinho. Principia-se então a pôr, lentamente, o óleo de coco, o qual se fundiu antes, à parte. À medida que absorve a concentração alcalina, o sabão vai tomando um aspecto escuro e brilhante. É preciso que se vigie constantemente os indícios de seu espessamento. Absorvida quase por completo a alcalinidade e quando o sabão se apresenta

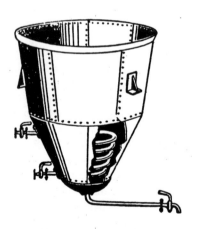

Fig. 21

resistente, a ponto de não se poder retirá-lo com a espátula, mas sim vertê-lo em massa espessa, isso é sinal de que está pronto para ser levado ao molde.

"Se por qualquer circunstância o espessamento do produto não se verifica como se deseja, basta que se junte uma lixívia fraca de 25-28º Bé, que também será absorvida.

"O sabão deve espessar-se em pouco tempo na tina. Caso demore o espessamento, é necessário que seja amassado até que fique espesso, de modo que não deposite gordura".

O produto preparado deste modo proporciona ótimo resultado; é suave ao tato, brilhante, quase negro e convém a todas as aplicações de sabão de toucador, com menos trabalho no que diz respeito à fabricação.

Pode-se prepará-lo em quantidades maiores ou menores, como se desejar; mas a indicação que demos atrás é mais adequada a nossos propósitos.

CAPÍTULO XI

SABÕES TRANSPARENTES

A solubilidade do sabão em álcool e a transparência do resíduo de evaporação do solvente, foram desde o princípio aproveitadas na fabricação de sabão transparente. Durante muito tempo, a solução de sabão liquefeito bem executada por meio de álcool, aparecia como o melhor processo para a preparação desta classe de sabões.

De fato, dá bons resultados, mas, há muito, foi abandonado por acarretar dispêndio excessivo de tempo, sendo empregado unicamente em alguns casos isolados e para marcas muito acreditadas.

Métodos mais econômicos, utilizados atualmente, mandam juntar apenas álcool ao sabão fabricado, seja pelo processo a frio, simplesmente, ou por este mesmo processo modificado em um momento particular da saponificação.

A grande solubilidade do sabão no álcool facilita essa saponificação. A glicerina contribui para dar transparência, o que, junto a suas propriedades emolientes, indica sua utilização às vezes, em lugar do álcool, como indicamos. A solução de açúcar substitui a glicerina, primeiramente de modo parcial e logo depois por completo; na marcha progressiva para barateamento do produto, tem-se notado que se pode produzir uma transparência satisfatória utilizando-se somente uma solução de açúcar, em vez de álcali e glicerina. Para se conseguir o efeito de transparência, crê-se geralmente que é mais eficaz que a glicerina, a solução de açúcar; aquela, a menos que seja usada com cuidado, faz suar o sabão, conseqüência de sua afinidade pela umidade.

O sabão transparente requer matéria melhor e mais pura, bem como saponificação completa. Se se executa com óleo de rícino, essa matéria não difere da empregada em sabões de qualidade superior. A boa solubilidade do óleo de rícino e de seu sal de sódio no álcool, o faz bastante apto para a fabricação dos sabões transparentes. Quando o empregamos, necessitamos de menos substâncias para conseguirmos a desejada transparência.

Para obter-se esta qualidade de sabão, apresentamos agora dois processos.

1.º Processo

Fórmula

Sebo puro	52 partes (peso)
Óleo de coco	28 partes (peso)
Óleo de rícino	20 partes (peso)
Lixívia de soda cáustica a 30º Bé	60 partes (peso)
Álcool a 90ºC	50 partes (peso)
Essência	1 partes (peso)

Numa caldeira, munida de agitador, coloca-se o álcool, a essência e o corante escolhido. Junta-se depois a lixívia e agita-se tudo muito bem, até que os produtos fiquem intimamente ligados, o que se conhece praticamente por apresentar o líquido transparência total. Em outra vasilha fundem-se as gorduras a fogo brando e, quando completamente fundidas, são juntadas ao álcool e à lixívia, previamente preparados, agitando-se o todo energicamente; a massa, no princípio, se apresenta grossa, dificultando o trabalho normal do agitador, mas vai, pouco a pouco, tornando-se líqüida; quando estiver totalmente liquefeita, coloca-se o sabão nos moldes, onde se deixa esfriar com lentidão, a fim de que algumas impurezas que porventura contenha, se depositem no fundo.

Depois do frio, retira-se dos moldes o bloco de sabão, que é cortado em pequenos pedaços, postos a secar para, em seguida, serem cunhados.

O sabão transparente feito por este processo (sistema francês), fica com ótima aparência e excelente qualidade. O álcool pode ser substituído por uma solução de açúcar ou pela glicerina, como já dissemos, com resultado idêntico, embora julguem alguns menos apreciável.

2.º Processo: Escolhe-se um sabão de boa qualidade feito à base de sebo, coco ou resina, neutro quanto possível. Corta-se em pequenos pedaços ou em aparas, na plaina rotativa (fig. 22), coloca-se num alambique ou autoclave, munido de um agitador, onde se junta peso de álcool a 90ºC e deixa-se ficar por espaço de 8 a 10 horas. Depois deste tempo, deve-se levar a fogo brando ou banho-maria e aquecer-se lentamente para que o sabão se dissolva no álcool, agitando sem parar para facilitar a operação; quando

Fig. 22

estiver completamente fundido, coloca-se o líqüido obtido nos moldes onde se junta depois o corante e o perfume, previamente dissolvidos em álcool, mexendo bem com o rodo para facilitar a ligação.

Prefere-se para esta fabricação, uma vasilha fechada, para evitar-se perdas ou inflamações que poderiam ocasionar os vapores de álcool em liberdade. Este processo é geralmente menos empregado do que o primeiro, atrás descrito.

Fórmulas de sabão transparente com álcool e glicerina

Fórmula 1

Óleo de coco	5 partes (peso)
Sebo	5 partes (peso)
Lixívia de soda cáustica a 38º Bé	5 partes (peso)
Álcool a 95º	4 partes (peso)
Glicerina	2 partes (peso)

Fórmula 2

Óleo de coco	30 partes (peso)
Sebo	15 partes (peso)
Lixívia de soda cáustica a 38º Bé	24 partes (peso)
Álcool a 95º	15 partes (peso)
Glicerina	15 partes (peso)

Com tal quantidade de ingredientes obtém-se melhor e mais valioso produto; sua aplicação, porém, é limitada devido ao preço. A grande proporção de álcool e glicerina basta para produzir a transparência sem necessidade de óleo de rícino. A quantidade de solução de carbono de sódio a 36º Bé, necessária para endurecer o sabão depende das condições e do critério do operador.

Fórmulas de sabão transparente com álcool e açúcar

Fórmula 1

Óleo de coco	7 partes (peso)
Sebo	4 partes (peso)
Óleo de rícino	3 partes (peso)
Lixívia de soda cáustica a 30º Bé	7 partes (peso)
Álcool a 95º	4 partes (peso)
Açúcar	6 partes (peso)
Água	6 partes (peso)

Fórmula 2

Óleo de coco	7 partes (peso)
Sebo	5 partes (peso)
Óleo de rícino	2 partes (peso)
Lixívia de soda cáustica a 30º Bé	7 partes (peso)
Álcool a 95º	4 partes (peso)
Açúcar	4 partes (peso)
Água	3 partes (peso)

Fórmula 3

Óleo de coco	20 partes (peso)
Sebo	20 partes (peso)
Óleo de rícino	6 partes (peso)
Lixívia de soda cáustica a 30º Bé	23 partes (peso)
Álcool a 95º	20 partes (peso)
Açúcar	5 partes (peso)
Água	8 partes (peso)

Fórmula 4

Óleo de coco	20 partes (peso)
Sebo	20 partes (peso)
Óleo de rícino	6 partes (peso)
Lixívia de soda cáustica a 30º Bé	23 partes (peso)
Álcool a 95º	20 partes (peso)
Açúcar	12 partes (peso)
Água	15 partes (peso)

Fórmulas de sabão transparente sem álcool

Fórmula 1

Óleo de coco	37 partes (peso)
Sebo	30 partes (peso)
Óleo de rícino	38 partes (peso)
Lixívia de soda cáustica a 38º Bé	54 partes (peso)
Açúcar	30 partes (peso)
Água	32 partes (peso)
Solução de carbonato de sódio a 36º Bé	15 partes (peso)

Fórmula 2

Óleo de coco	26 partes (peso)
Sebo	30 partes (peso)
Óleo de rícino	37,5 partes (peso)
Lixívia de soda cáustica a 35º Bé	56 partes (peso)
Açúcar	25 partes (peso)
Água	25 partes (peso)
Solução de carbonato de sódio a 36º Bé	10 partes (peso)

Fórmula 3

Óleo de coco	130 partes (peso)
Sebo	147 partes (peso)
Óleo de rícino	180 partes (peso)
Lixívia de soda cáustica a 34,5º Bé	261 partes (peso)
Açúcar	130 partes (peso)
Água	130 partes (peso)
Solução de carbonato de sódio a 36º Bé	25 partes (peso)

À medida que se reduz até a suspensão total o teor de álcool e glicerina, a quantidade de óleo de rícino e de solução de açúcar aumentam necessariamente para dar a mesma transparência ao produto. Bons resultados dão estas fórmulas que indicamos.

Método de fabricação dos sabões transparentes - Misturam-se, fundem-se, depositam-se, pesam-se e filtram-se as matérias em uma misturadora-agitadora com vapor a 54,4°C. Incorpora-se e mistura-se completamente ao conjunto uma quantidade de lixívia cáustica à temperatura do local e a 38° Bé, mais ou menos. Executam-se as distintas operações, de acordo com os métodos gerais de trabalho do sabão a frio. Deixa-se repousar a mistura pelo espaço de uma hora ou mais (na mistura-agitadora para reter o calor), tempo durante o qual a massa sofre o aquecimento espontâneo, resultante da saponificação, elevando-se à temperatura de 38,2°C, mais ou menos. Deve-se observar atentamente os progressos do aquecimento espontâneo por meio de um termômetro.

Depois da adição completa da lixívia, se a saponificação se atrasa por qualquer motivo, admite-se cuidadosamente o vapor na envoltura e amassa-se vigorosamente o conjunto até que se principie a combinação. Suprime-se, então o vapor.

Se a fórmula contém álcool, é preciso juntá-lo depois da incorporação e da mistura da lixívia cáustica e antes de deixar repousar a mistura para o aquecimento espontâneo.

Enquanto isso, dissolvem-se o açúcar e o carbonato de sódio em quantidade suficiente de água e aquece-se a solução a uns 82,2°C. Ao final do período de aquecimento espontâneo, determinado por meio do termômetro que deve indicar uma temperatura permanente máxima, dá-se início à amassadura e junta-se lentamente a solução preparada como se disse antes. Reduz-se, então, a massa na misturadora-agitadora até a consistência espessa. Pode-se juntar neste momento os "desperdícios" em reserva, destinados a serem trabalhados. Quando estiverem completamente amalgamados e a massa seja homogênea, suspende-se a agitação, cobre-se a misturadora-agitadora e deixa-se repousar o conjunto pelo espaço de duas horas, pelo menos, durante as quais sobe à superfície uma espuma, que deve ser retirada.

Se se fez tudo na forma devida, as amostras, uma vez frias, devem quebrar-se em lâminas perfeitamente transparentes, de cor uniforme e sem sabor alcalino muito forte. Se a amostra se apresenta sólida, mas turva, isso indica que se necessita mais solução de açúcar e soda, que se agregará lentamente, continuando a amassadura até se conseguir a desejada transparência. É preciso grande cuidado para não se introduzir um excesso das ditas substâncias. Se a amostra tem a transparência desejada,

69

mas carece de solidez e possui sabor neutro, se juntará mais lixívia cáustica, com as próprias precauções, para evitar excesso. Se a amostra carece de solidez, mas possui a transparência precisa e um leve sabor alcalino, isso significa que há excesso de água que se pode compensar com uma adição de carbono seco. Um excesso de carbonato alcalino no sabão acabado conduz à eflorescência. Se por causa de um excesso de lixívia cáustica ou de carbono, o produto tende a separar-se ou granular-se, juntar-se-á com cuidado óleo de coco ou de rícino, até que se forme o sabão. Se a amostra se esfria rapidamente e torna-se rija, é sinal de que falta água. Uma saponificação incompleta indicada por um sabor azedo ou por um contato suave e graxo ou mesmo por ambos esses sintomas, não pode ser corrigida senão depois do aquecimento e uma amassadura prolongada e isto com possível sacrifício da coloração.

A saponificação deve estar concluída antes da incorporação da solução de açúcar, já que todo o aquecimento ulterior destinado a corrigir uma imperfeição neste sentido altera mais ou menos a cor do sabão terminado. Com um sabão de coloração escura, as conseqüências de tal perigo são bem menores. Em condições satisfatórias, o produto se esfria aproximadamente a 60ºC e se junta o corante, dissolvido antes, em água quente e devidamente filtrado, incorporando-se por completo o sabão.

Continua-se a amassadura até que o produto se esfrie a uns 54,4ºC; então, adiciona-se o perfume, com a maior rapidez possível, para filtrar-se o sabão, ainda quente, ao ser posto no molde. A fim de reduzir-se no mínimo a proporção de desperdício e obter-se melhor resultado no mercado, pode-se colocar o fluido em caixas largas de folha, de seção transversal correspondente à da matriz. Uma vez frias, pode-se extrair com facilidade as barras alargadas e reduzi-las à espessura adequada, cortando-as.

No molde, é necessário deixar o sabão esfriar-se rapidamente e abandoná-lo assim o maior tempo possível antes da extração; depois do corte, uma secagem prolongada melhora o aspecto do produto. Ao cortá-lo, deve-se prever a contração durante a secagem; mesmo assim os pedaços terão o mais exatamente possível as dimensões da matriz, para evitar que se gretem quando da marcação.

CAPÍTULO XII

SABÕES EM PÓ E EM ESCAMAS

Os sabões em pó têm uma reação levemente alcalina e são totalmente solúveis na água e no álcool fervendo. Fabrica-se muitas vezes o sabão de toucador, em pó, socando-se em um almofariz raspas de sabão, as quais devem ser reduzidas a pó e depois passadas por uma peneira bem fina.

O peneiramento pode ser manual, mas nas grandes indústrias é feito mecanicamente (fig. 23).

Fig. 23

Para preparar-se, porém, diretamente, o sabão em pó, tomam-se barras de sabão branco depurado de banha ou sebo, reduzem-se a fatias bem delgadas e estendem-se em folhas de papel branco; fazem-se então secar ao sol ou ao forno essas fatias e quando a massa estiver bem seca, soca-se em almofariz e depois peneira-se.

Aromatiza-se com qualquer essência antes de se reduzir a pó e colore-se de rosa com vermelhão, de amarelo com goma-guta, etc. O pó de sabão é excelente para a barba, mãos e banho; no entanto, como é higrófilo, deve ser encerrado em vasos muito bem arrolhados.

Pó de sabão de Windsor - Toma-se o sabão de Windsor, mais branco possível e seco, soca-se e passa-se em peneira fina; faz-se derreter em banho-maria e depois despeja-se em uma caixa; quando estiver frio, corta-se em pequenas fatias, faz-se secar, soca-se e peneira-se.

Pó de sabão untuoso - Corta-se o sabão em fatias delgadas para que seque e depois soca-se e peneira-se. Este sabão espuma com muita rapidez.

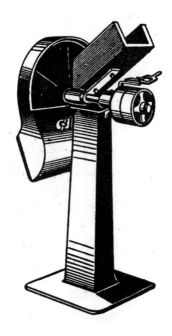

Fig. 24

Sabão em escamas

Fórmula 1

Sebo	50 partes (peso)
Óleo de algodão	5 partes (peso)
Óleo de coco	5 partes (peso)
Solução de soda cáustica a 35° Bé	35 partes (peso)
Solução de potassa cáustica a 35° Bé	4 partes (peso)
Silicato de sódio	30 partes (peso)

Fórmula 2

Sebo	62 partes (peso)
Óleo de coco	4 partes (peso)
Solução de soda cáustica a 28° Bé	70 partes (peso)
Silicato de sódio	7 partes (peso)

Fundem-se as graxas na caldeira, põe-se em marcha o agitador e adiciona-se ao mesmo tempo a lixívia de soda cáustica e o silicato de sódio, continuando com a operação até que a superfície do sabão apareça lustrosa e lisa quando, então, deve ser tirado da caldeira com uma espátula. Depois de seco, corta-se em barras e reduz-se a escamas na máquina apropriada (fig. 24).

CAPÍTULO XIII

SABÕES COM O ARRAIADO DO MÁRMORE

Não só pela fabricação comum a quente, mas também trabalhando a frio, pode-se obter este tipo de sabão, que apresenta filetes imitando o arraiado do mármore.

Segundo Lamborn, o arraiado resulta da cristalização que constitui um processo de purificação, o qual expulsa até certo ponto as matérias estranhas que se cristalizam ou se solidificam; as frações de sabão que se solidificam à mais alta temperatura determinam esta expulsão até as frações que solidificam a temperaturas mais baixas. São de utilidade estas observações porque explicam como não se pode produzir um arraiado ulterior, visto que a matéria estranha permanece definitivamente misturada ou disseminada, no sabão mais mole. Quanto mais fluido for o sabão, mais o efeito será acentuado; sendo o esfriamento mais lento, o arraiado é maior.

Do exposto se depreende que os corpos graxos que permitem um esfriamento metódico, não muito lento e nem tampouco muito rápido, são os mais apropriados para esta espécie de sabão; e, como isto depende do ponto de solidificação dos ácidos graxos, a escolha é relativamente fácil, podendo-se, desde já, optar por uma mistura de estearina e oleína.

À parte a natureza dos corpos graxos, é preciso ter-se em conta a dificuldade de ser obtido o arraiado em caldeiras de grande capacidade, de modo que este artigo não é apropriado para as grandes fábricas de sabão mas sim para o pequeno fabricante.

Tem-se empregado o arraiado em artigos muito diferentes, para toucador, para lavagens domésticas, para a indústria, etc., de modo que, em primeiro lugar, deve o sabão ser neutro e suave. Para o uso doméstico, adiciona-se silicato e carbonato de sódio, com o fim de aumentar-lhe o poder detergente.

A supremacia do sabão branco liquefeito sobre o graxo e o elevado preço dos corpos graxos mencionados, tem obrigado a adoção de substitutos mais econômicos, como o óleo de algodão, a resina, etc., bem como os sabões e ácidos graxos procedentes de refinação do óleo de sésamo. Quanto aos sabões de sebo e de óleo de coco, empregados há alguns anos na América, têm eles deixado de ser utilizados, ficando definitivamente adotados os corpos graxos mais econômicos que possam permitir o efeito do arraiado na forma mencionada.

Assim, o verdadeiro processo para esta fabricação baseia-se na salga e na liquefação, como para o sabão liquefeito, tratando a matéria branda sozinha ou misturada com resina, pelo álcali, como de costume. A massa de corpos graxos que se introduz na caldeira (método marselhês), pode chegar de 8 a 10 Kg, a qual se esquenta a vapor direto, incorporando em seguida as duas terças partes da lixívia, a uma concentração de 10-12º Bé. Misturadas as substâncias, começa rapidamente a emulsão, espessando-se a massa, que aumenta de volume, podendo, mesmo, chegar a transbordar da caldeira, o que se evita fechando a saída do vapor e agitando a superfície de modo que desapareça a espuma. Depois a massa desce e continua em ebulição regular, fazendo-se mais densa.

Absorvida a lixívia, vai-se juntando progressivamente a terceira parte restante, mas em frações mais concentradas, primeiro de 12-15º Bé, depois de 15-18º Bé.

Finalmente, quando a massa desce e se espessa e ao ser removida com uma espátula, não deixa aparecer óleo livre nas dobras, detém-se a adição de álcali.

Tendo-se seguido o processo de formação de grão sobre a gordura, extrai-se a gordura com uma bomba pela parte inferior da caldeira, depois de cerca de dois dias de repouso e procede-se à salga; mas se foi seguido o processo que acima expusemos, junta-se à massa a quantidade de lixívia conveniente, resultante de sublixívias anteriores a 16-18º Bé, cuja concentração se elevou por meio de resíduos semelhantes, até 20-24º Bé e efetua-se a mistura por meio de espátulas manejadas à mão. Logo aparece grão separado, depositando-se a sublixívia no fundo da caldeira.

Quando esta sublixívia marca somente 17-18º Bé, não contém mais sabão dissolvido e deve aparecer limpa e sem grãos a frio. Deixa-se repousar a massa durante algumas horas e extrai-se a sublixívia, que, como resíduo de salga, contém a glicerina dos corpos gordurosos, suas impurezas e as lixívias empregadas não absorvidas.

Quando se empregou lixívia de soda, nova, a salga se efetua com salmoura ou projetando sobre a superfície da massa cloreto de sódio (sal marinho). No primeiro caso a solução deve marcar 24° Bé. A salga é realizada durante a ebulição, agitando-se continuamente.

Efetua-se igualmente a salga, no sabão formado sobre gordura, a que antes nos temos referido, empregando a salmoura a 25° Bé, em uma quantidade que permita dar à massa consistência tal, que não resulte em grão, pouco fluido e se esfrie com excessiva rapidez para permitir a disseminação característica das matérias corantes que constituem o arraiado; ou vice-versa, que resulte excessivamente fluido, esfriando-se com demasiada lentidão e provocando uma dispersão completa das partículas coloridas. A consistência definitiva do grão se obtém por adição suplementar de água, depois de extraída a salmoura.

Voltando ao processo que, paralelamente a este, vamos descrevendo, como um método comparativo de formação do sabão à base de sublixívia, uma vez efetuada a salga, como temos indicado pela salmoura a 24° Bé, procede-se à cocção, por meio de adições sucessivas de sublixívias regeneradas a 22-24° Bé, em quantidade equivalente à terça parte dos corpos gordurosos.

Quando as sublixívias aparecem sem causticidade, detém-se a ebulição e a espuma escura que cobre a superfície de massa desaparece.

Retirada a sublixívia esgotada, antes do repouso necessário, junta-se uma segunda porção de sublixívia regenerada a um grau de concentração maior, procedendo do mesmo modo e repetindo a operação várias vezes com sublixívias a 25-27° Bé; deve, necessariamente, chegar a um momento em que a sublixívia residual aparece com alguma causticidade, o que indica que a saponificação se completa; disso é preciso assegurar-se por uma última adição de sublixívia regenerada, ou melhor, lixívia primeira, a 28-30° Bé; a massa vai aparecendo compacta, a espuma escura desaparece e a ebulição é mais agitada, desprendendo-se um odor alcalino. Para dar por terminada a cocção é necessário que, depois da ebulição prolongada, a alcalinidade da lixívia residual seja permanente e sua concentração alcance 27° Bé. Uma amostra extraída com a espátula aparece de cor escura e sabor alcalino; separa-se francamente da lixívia quando se estende sobre o vidro frio e indica ter perdido sua plasticidade ao ser comprimida pelos dedos, quebrando-se em escamas que se podem reduzir a pó.

A duração destes trabalhos é: o primeiro de uma hora, os seguintes de uma e meia e duas e o último de quatro.

Terminada a cocção, a pasta aparece em forma de grãos duros que não se aderem entre si, ainda que muito pouco; é preciso modificá-la pela liquefação, que se realiza por adições de sublixívias débeis a 10-12° Bé, incorporadas à massa por meio de espátulas agitadas com energia; repete-se a operação com sublixívias de 7-8° Bé, sem que nestas operações cesse a cozedura nem que a temperatura alcance a ebulição; assim os grãos vão-se hidratado e adquirindo viscosidade. Finalmente, vertem-se na caldeira lixívias a 5-6º Bé, mas lentamente, para que a massa se vá liquefazendo até obter-se a consistência necessária para o equilíbrio mencionado que caracteriza este sabão arraiado.

Pode-se conhecer o fim da liquefação, ainda, pela densidade das lixívias; estas devem indicar uma aglomeração suficiente para que o arraiado se efetue nas condições mencionadas, a qual se conhece pela concentração das sublixívias. Se esta excede 19º Bé, a aglomeração não é suficiente; ao contrário, uma concentração inferior a 16º Bé pressupõe uma aglomeração excessiva. Geralmente, quando a aglomeração varia, também por influência da temperatura, estação e natureza dos corpos gordurosos, o sabão azul vivo produz uma lixívia mais concentrada que o sabão azul pálido; tratando-se do mesmo sabão, quando os óleos contêm maior proporção de ácidos livres, a lixívia é mais concentrada, o que pressupõe correlativamente maior quantidade de álcalis e menor de matérias estranhas, o que é outro indício do estado de aglomeração.

Ao efetuar o vazamento nos moldes ou caixas é preciso orientar-se quanto à temperatura por idênticas considerações sobre a consistência ou fluidez da massa sempre em relação com o fenômeno de penetração das matérias corantes na mesma, em forma de arraiados ou de listas, evitando a disseminação das partículas. Temperatura superior a 75ºC produzirá uma massa excessivamente fluida e favorável à disseminação; em compensação, temperatura inferior a 65ºC produzirá o efeito oposto; por outro tanto, os limites de temperatura devem ser os indicados e seguindo esta ordem de idéias, quando se efetua a separação da massa, nas caixas, da parte mais fluida do sabão e da mais densa. Aquela que engloba as impurezas em proporção muito maior, deve ir-se misturando paulatinamente com esta, de cor mais clara, em estado físico de consistência, de modo que, impedindo a disseminação, não produza um arraiado curto e defeituoso. Do exposto se infere que, desde o início da operação até o final, o fabricante deve ter sempre presente a necessidade de conservar a massa em estado físico que logicamente conduza ao efeito buscado.

Deve-se notar os pormenores necessários acerca dos corantes (a rigor, impurezas), mais usados. Desde logo é preciso evitar os que são solúveis, porque sua disseminação é muito rápida. Emprega-se o sulfato ferroso ou o de cobre quando se deseja obter um arraiado roxo produzido pela oxidação ao contato com o ar na proporção de 250 a 500 g por 100 kg de sabão. Empregam-se assim mesmo o azul ultramar, o roxo de Veneza e o ocre amarelo, em iguais proporções.

A incorporação do corante é efetuada misturando-se intimamente o mesmo a uma parte da massa, em uma pequena caldeira e vertendo a massa na caldeira grande, fazendo ferver o todo antes de despejá-lo nas caixas ou moldes. Quando não se observar as indicações anotadas, de modo que a massa por si mesma produza o arraiado, agita-se a mesma nas caixas com espátulas movidas à mão até que, adquirindo a massa a consistência suficiente, se considere que o corante não pode já aglomerar-se no fundo em forma de sedimento.

Tem-se generalizado o costume de não se empregar corante algum, suprindo-se às impurezas produzidas pelos sulfetos, hipossulfitos, etc., das lixívias brutas sobre as chapas dos depósitos ou das caldeiras de ferro, efeito que também se produz pelas impurezas de igual natureza que contêm os corpos gordurosos empregados. Mas estes recursos podem ser insuficientes, determinando-se, em último caso, pela adição do sulfato ferroso (combinado com óxido roxo de ferro para o azul vivo) na forma anotada. O óxido roxo deve ser adicionado dissolvido em água.

Concluídas as operações indicadas, a massa deve encontrar-se em estado de ser cortada depois de oito a dez dias de permanência nas caixas de madeira.

Arraiado em várias cores - Pode-se conseguir o arraiado na cor que se desejar e, para isso, emprega-se na prática, para cada fração de 500 kg de massa, os seguintes componentes:

Para a cor rosa, emprega-se 200 g de almagre de 1.ª dissolvido em 700 g de lixívia de potassa ou soda a 10° Bé, juntando-se 100 g de sabão para que a solução fique com alguma consistência. Leva-se a mistura ao fogo para que tudo fique intimamente ligado e adiciona-se lentamente ao sabão quando se acaba de colocar nos moldes, tendo o cuidado de agitar em todas as direções para que a tinta fique bem dividida e o arraiado perfeito.

Para a cor azul, emprega-se a mesma fórmula, exceto a quantidade de tinta, que deve ser de 70 g de azul ultramar de 1.ª, em virtude de ser esta tinta mais enérgica.

Também se pode obter o que, na técnica, se chama **arraiado natural,** que consiste em colocar na caldeira, durante a fabricação, alguns pedaços de ferro (sulfato ferroso) e depois colocar a massa nos moldes, cobrindo-os de forma que o resfriamento seja lento. Geralmente fica o arraiado sempre fraco e por isso menos apresentável do que o sabão com tinta artificial.

CAPÍTULO XIV

SABÕES FLUTUANTES

O processo conveniente para a elaboração de sabões, que flutuam à superfície da água, é o mesmo indicado para fabricar a base dos sabões de toucador, processo que se aplica, também à preparação do sabão liquefeito branco comum presentemente pouco fabricado e para a elaboração do sabão com óleo de oliva ou óleo de polpa de oliva e seus substitutos comuns, óleo de coco e sebo. Sua propriedade de flutuar, em virtude da redução de peso específico, por incorporação de ar em seguida a um empaste especial, indica a total ausência de toda a matéria inerte ou detersiva inferior e a ausência de cor e emprego exclusivo das melhores matérias-primas.

O sabão flutuante é indicado para todos os usos detersivos; seu grande desgaste, porém, limita o emprego às necessidades do toucador e às limpezas mais delicadas. Este produto deve ser isento de cor e apresentará uma tonalidade não mais escura que a cor creme, devendo, também, não ter o odor peculiar do óleo de coco rançoso e, segundo o emprego a que se destine, será perfumado ou não. A soponificação deve ser completa e sem o menor vestígio de matéia graxa não combinada, pois, do contrário, com o uso, aparece o cheiro de ranço, que se deve evitar. Deve espumar facilmente, posto que não muito, dando uma espuma espessa e sólida. A barra prensada não deve mostrar indício de descoloração local e a descoloração geral, comum a todos os sabões brandos de sebo, ao envelhecer, será muito ligeiro. Deve ter peso específico inferior ao da água, pois, de outro modo, será um sabão branco liquefeito, isento da faculdade de flutuar.

Matéria-prima — O óleo de coco é um dos ingredientes indispensáveis. Quente, comunica fluidez ao sebo mais firme e empresta a propriedade de espumar rápida e abundantemente, aumentando o brilho da cor, que tende a preservar-se. Importa muito que esse óleo se saponifique bem, pois, do contrário, torna-se rançoso com o uso.

O sebo deve ser superior e aproximar-se do de qualidade comestível. Constitui a base do produto. Mediante sua mistura com o sabão de óleo de coco mais solúvel, que forma uma espuma delgada e fugaz, a espuma do sebo, que é dura e se forma com lentidão, abranda-se e se desenvolve com mais facilidade. Se se deseja obter a suavidade especial do sabão de óleo de oliva, pode-se utilizar uma base de sebo mais branda.

Todos os sabões de sebo, descoram-se mais ou menos ao envelhecer, segundo a proporção e a qualidade do sebo e a natureza do óleo utilizado.

Corretamente, emprega-se o óleo de coco em proporções que variam de 10 a 30%.

De um modo geral, considera-se que 20 ou 25% é o mínimo para dar os melhores resultados; pode-se variar as proporções de outras matérias, segundo as indicações anteriores.

Processo de fabricação — São exigências gerais: saponificação completa, neutralidade na liquefação e um acabamento grosso. Sem uma saponificação completa o produto se torna rançoso com o uso, como foi dito; na presença do álcali livre, o efeito dissolvente e cáustico do sabão o faz impróprio para o toucador; e a menos que esteja o produto bem cozido e grosso, forma-se muito resíduo graxo, o que reduz o rendimento e diminui o benefício da fabricação.

O tempo necessário para esta é de mais ou menos quatro dias, posto que isto dependa dos procedimentos seguintes: empaste, que pode requerer dois dias, quando se saponifica o sebo e o óleo por cargas separadas; o primeiro serviço, que exige um dia; o serviço de salmoura, para tirar o excesso de álcali, cuja duração aumenta ou diminui segundo a facilidade e perfeição com que se elimine o excesso de álcali; e a liquefação, cuja duração pode ser de um só dia. Deve-se agregar o desperdício de sabão, que apareça na caldeira, no serviço seguinte.

A separação do álcali livre é sempre uma operação desagradável e pode efetuar-se, como se indicou, por meio de um dos serviços de salmoura ou bem neutralizando o álcali na misturadora-agitadora ou, então, por ambos os métodos.

Dependerá muito da quantidade de sabão desta classe que se fabrique ou de que as lixívias residuais sejam separadas líquidas ou com mais ou menos álcali livre e tratados, em conseqüência, com matéria fresca para a recuperação do álcali antes de evaporar a lixívia para a glicerina. Só uma larga experiência permite executar bem tais operações e separar, neutra, a·

lixívia residual. Deixando, em cada operação, mais ou menos matéria graxa, não saponificada, antes do primeiro serviço, pode-se separar a lixívia residual com uma proporção mínima de soda cáustica. O primeiro serviço requer, então, mais cuidado e tempo para terminar a saponificação, expressamente deixada incompleta nas anteriores operações.

O período necessário, para o esfriamento e o depósito de resíduos graxos, depende do tamanho da caldeira, que infui na velocidade do esfriamento. Regra geral, um sabão denso, não carregado, é o que requer menos tempo; este aumenta com a brandura do produto e a importância da carga, dependendo da estação e da exposição da caldeira às influências que atrasam ou aceleram a perda de calor por radiação.

Amassadura — A elevação do ponto de solidificação da matéria graxa para o sabão leve requer sua separação da caldeira a temperatura muito mais elevada que para o sabão fabricado com uma matéria mais branda, como por exemplo, o sabão de resina. Deve separar-se o sabão, de 76 a 82,5ºC.

O procedimento conveniente para a amassadura se determinará tomando-se por base o volume do sabão por fabricar. Para cargas pequenas, das que se poderá facilmente separar o álcali livre mediante lavagem com salmoura, a amassadura compreende o vertimento do sabão da misturadora-agitadora, a uns 79ºC, segundo o modelo do aparato e com a ordem estabelecida experimentalmente. Ao terminar a amassadura o produto se esfriou a cerca de 54ºC e pelo aumento de seu volume, devido à incorporação de ar, haverá enchido por completo a misturadora-agitadora. Com os aparatos de agitadores verticais, pode-se indicar, seja em eixo vertical ou em cilindro que roda num pequeno torno, o nível máximo do sabão claro e quente antes de inverter a correia de acionamento. Com as misturadoras-agitadoras do tipo **Struz,** indica-se o nível das lâminas verticais do eixo horizontal.

Executa-se a incorporação de ar invertendo-se sensivelmente a correia de acionamento; desta forma, realizam-se condições exatamente contrárias às que reinam no momento da incorporação de uma carga À medida que se prossegue a agitação, o sabão perde sua claridade e se torna opaco. Determina-se o peso específico desejado, deixando que encha por completo a misturadora-agitadora ou provando com água a flutuação de uma amostra reduzida do produto. Se se deseja apressar o esfriamento, pode-se introduzir água na envoltura da misturadora-agitadora. Se se obtém a flutuação conveniente, antes que esteja o sabão bastante frio, colocando-o na tina, a flutuação do produto tende a diminuir por sua união na tina, que dá à parte inferior da mesma um peso específico mais elevado que a parte superior.

Determina-se a incorporação de ar satisfatória, segundo a opacidade e o volume do sabão na misturadora-agitadora e segundo sua tendência de solidificar-se nas bordas ou na circunferência da misturadora-agitadora, embora se possam completar estas indicações, mediante o emprego do termômetro e o ensaio de flutuação.

Junta-se o perfume no momento preciso do vazamento do produto na tina.

O tempo necessário para a amassadura depende da temperatura inicial do sabão, do emprego de uma envoltura, para esfriar ou da estação ou da relação entre o sabão por amassar em cada porção e a capacidade da misturadora-agitadora. A velocidade da amassadura com misturadoras-agitadoras comuns não rebaixa a do sabão aumentado. O tempo necessário não deve exceder de 15 minutos.

Na tina o produto se esfria rapidamente e cai ao fundo, seguindo uma linha média e deixando nos dois lados mais sabão do que quando no corte produz o desperdício. Pode-se reduzir essa proporção emplastando-o, quando se forma na massa do sabão brando.

Com o sabão flutuante, preparado em grandes cargas, a separação do álcali é, segundo se indicou, coisa mais desagradável do que quando se trata de carga menor. Recorre-se à neutralização do álcali livre que fica na misturadora-agitadora. Conforme se disse antes, a proporção do álcali livre aumenta, segundo está mais perto do resíduo graxo, onde chega à sua máxima proporção. Em uma grande produção, pode-se transportar o bom sabão a um largo depósito de grande capacidade para uma só carga, disposto sobre uma série de misturadoras-agitadoras e provido de um agitador. Cabe, em tal momento, amassar o sabão até que adquira a consistência uniforme e determinar de uma só vez o álcali livre.

Estabelecida a proporção de álcali livre, pode-se juntar à carga de cada misturadora-agitadora a quantidade de matéria calculada por tina para a sua neutralização. O agente neutralizante consiste: em óleo de coco, que, sem dúvida nem sempre é recomendável; em ácido bórico que, combinado com álcali livre, forma bórax, em ácido esteárico fundido, e em ácido oléico. O sabão resulta dessa combinação. Junta-se o óleo neutralizante no princípio da amassadura e se determina a eficácia da neutralização, provando com uma solução alcoólica de fenolftaleína uma superfície recém-cortada de uma amostra de sabão amassado; aplicando uma gota deste indicador, a presença do álcali livre se revela por uma coloração rosa. Quando se conseguiu o peso específico desejado, verte-se o sabão na tina, segundo indicamos.

Peso específico — O sabão flutuante é somente um sabão liquefeito bem fabricado, diluído com ar até um grau tal que pese menos que a água. O peso específico é um valor que varia, não somente no sabão preparado com a própria matéria graxa, mas também nas diferentes tinas, nas distintas partes da própria tina, no mesmo sabão cortado e segundo os diversos graus de secura. O peso específico de um sabão qualquer depende, tratando-se de um produto mais pesado que a água, da matéria graxa que se utilize e do grau de hidratação e de carga; em um sabão flutuante, depende das proporções de ar e de sabão e da secura ou do grau de hidratação.

As seguintes análises de determinações das densidades de um sabão flutuante, nas fases sucessivas de fabricação, são de interesse, pois indicam a mudança na composição e na densidade que resulta da incorporação de ar; a primeira coluna compreende os constituintes do sabão; a segunda se refere ao que provém do alto da caldeira, antes da amassadura; a terceira, ao mesmo sabão depois da amassadura e neutralização parcial do álcali livre: e a quarta ao próprio sabão, junto ao resíduo graxo antes da amassadura:

Ácidos graxos	61,20 %	63,30 %	58,20 %
Soda combinada	7,66 %	7,92 %	7,28 %
Soda cáustica livre	0,08 %	0,04 %	0,42 %
Sulfato e cloreto de sódio	0,42 %	0,43 %	0,58 %
Água	30,64 %	28,31 %	33,52 %
Peso específico	1,265%	0,922%	1,272 %

Secagem — Além de sujeitar-se aos princípios gerais para esta operação, expostos em outra parte, é preciso deixar este sabão repousar o maior tempo possível em uma tina, antes de cortá-lo, para impedir que a barra se dobre, evitar secagem desigual e reduzir toda tendência de descoloração; dessa forma deve-se deixá-lo secar mais lentamente e à temperatura mais baixa que o sabão carregado. Para combater o desperdício próprio de todos os sabões cheios de ar e que contenham azeite de coco, a secagem deve ser mais completa que o sabão comum. As análises dos sabões flutuantes do comércio indicam uma proporção de água que varia de 11 a 22%.

Resíduos graxos — Não é recomendável incorporar o resíduo graxo do sabão liquefeito branco porque isso alteraria a cor do produto acabado. Uma vez separado o bom sabão que flutua na misturadora-agitadora, faz-se ferver o resíduo graxo e junta-se um pouco de sal limpo e seco. A lixívia é conduzida pelo cano.

Pode-se utilizar o resíduo graxo, resinando-o até uma proporção determinada e incorporando-a ao sabão de resina de melhor qualidade, ou transladando-o a uma caldeira menor e liquefazendo-o. Este último produto pode ser usado no sabão de alcatrão flutuante (juntando-se o alcatrão de pinho neutralizado, em quantidade suficiente para produzir a cor e o cheiro requeridos pelo produto na misturadora-agitadora). No sabão chamado desinfetante (que se prepara introduzindo a suficiente quantidade de desinfetante para produzir a cor e o odor desejados), aquele produto pode ser utilizado e, ainda, como base de sabão de toucador, para produtos menos caros. É um resíduo graxo, mais ou menos limpo, comparado ao que se obtém com o sabão liquefeito resinoso. Aproveita-se, também, para fabricação de detergentes.

Lixívia residual — A lixívia residual de um sabão líquido branco, tal como se utiliza para preparar o sabão flutuante e como base do sabão de toucador, possui o mais alto grau de pureza dentre todas as lixívias residuais, produzidas em saboaria. Como provém das melhores matérias, é muito rica em glicerina, e devido à pureza do veículo recupera-se a mesma com menos dificuldade e menos dispêndio que outras.

Sempre que seja possível, deve-se separar as lixívias de empaste em estado neutro, descarregando-as diretamente nos depósitos; nestes se esfriam e se separam, de todo o sabão mantido em solução; este volta ao resíduo graxo, logo depois de separado ou é resinado com uma carga de sabão resinoso.

As lixívias de primeiro serviço são tratadas em caldeiras separadas, com uma matéria fresca que, ao apartar a lixívia neutra, fica como base de sabão, resinado ou branco, segundo se deseja. As lixívias salmoradas apresentam um volume reduzido e podem ser utilizadas em seguida nos sabões resinosos, para os serviços de resina ou para o primeiro serviço.

CAPÍTULO XV

SABÕES LÍQUIDOS

Entre os sabões líquidos, distinguiremos os que se usam geralmente em toucador, lavatórios públicos, clubes, etc. e aqueles outros empregados na limpeza de pisos.

Sabões líquidos para uso de toucador — Estas preparações, cujo uso aumenta dia a dia, mais ainda em lugares públicos, por representarem o máximo de higiene e economia, são feitas à base de óleo de coco e hidróxido de potássio.

Também se usa óleo de oliva em quantidades que oscilam entre 10 e 50%, segundo a qualidade do produto que se quer obter. Os óleos de palma, rícino, etc., costumam ser incorporados algumas vezes, mas sempre em pequenas proporções. Como se vê, os sabões líquidos deste tipo são simples soluções de um sabão potássico em água. Sua alcalinidade livre não deve ser maior do que 0,5% e seu conteúdo de sabão seco com respeito ao volume total será na média de 20%. Os sabões de sódio não se prestam para este fim, pois se turvam; se se misturam com os de potássio, muitas vezes podem até obstruir a boca do frasco que os contém. Houve tempo em que se adicionava álcool, glicerina, açúcar ou bórax à solução do sabão para evitar seu turvamento. Se bem que esta prática seja seguida ainda, em algumas fábricas, podemos afirmar que, pouco a pouco, vai caindo em desuso, pois tais substâncias diminuem a qualidade do produto terminado.

Sabões líquidos à base de óleo de coco, etc. — A preparação que vamos indicar é extremamente fácil e faz-nos crer que, por menos prática que tenha o fabricante, conseguirá êxito. Usam-se 31 partes em peso de óleo de coco; 32 partes em peso de solução de hidróxido de potássio a 28º Bé e 37 partes de água. Os ingredientes são colocados em uma caldeira provida de agitador e munida de uma serpentina para aquecimento com vapor indireto, cuja temperatura eleva-se, pouco a pouco, até chegar a uns 52ºC. A massa é misturada favorecendo a saponificação. Terminada esta, incorpora-se à água que se julgue necessária e se deixa esfriar o sabão obtido.

Também se pode preparar este sabão, saponificando, na forma anteriormente indicada, 10,75 partes de peso de óleo de soja e 5 partes em peso de óleo de coco, com umas 8 partes em peso de solução de hidróxido de potássio a 50º Bé. O sabão assim obtido é diluído em 77 partes de água, na qual se acha dissolvida meia parte em peso de hidróxido de potássio.

Outro sabão similar é preparado, substituindo-se o óleo de soja por uma quantidade igual de óleo de rícino.

Com óleo de coco e oleína, pode-se obter um produto de muito boa qualidade; a saponificação se efetua com 8,5 partes em peso de óleo de coco, 5 partes em peso de ácido oléico (oleína) e umas 7 partes em peso de solução de hidróxido de potássio a 50º Bé. O sabão obtido é diluído em 77 partes de água, na qual se acha dissolvida meia parte de hidróxido de potássio.

É muito interessante seguir o processo da saponificação. A princípio, a temperatura da mistura aumenta com lentidão, por não ser a saponificação muito marcada no início da operação; mas, em seguida, verifica-se um salto às vezes até 150º C, que indica o começo da saponificação, propriamente dita. Ao chegar a este ponto, o termômetro se estabiliza para, em seguida, começar a decrescer. Então, pode-se dar por terminada a operação, embora convenha seguir aquecendo por mais um instante, para assegurar uma saponificação completa. A solução aquosa de um pouco de sabão obtido deverá ser transparente. A presença de turvação, indica que existem óleos livres não saponificados. Recomenda-se que a lixívia potássica que se empregue seja recentemente preparada para que se evite a carbonatação que sobre ela produz o contato com o ar.

Sabão líquido de alcatrão — Misturam-se 1 parte de alcatrão com 2 partes de ácido oléico (oleína); esquentam-se ligeiramente e se filtram. A filtração esquenta-se em banho-maria e se saponifica com a quantidade necessária de solução alcoólica de hidróxido de potássio. Isto se pode calcular sabendo-se a quantidade em gramas de hidróxido de potássio que requer o ácido oléico para a sua saponificação. Ao sabão assim obtido se adicionam cem partes de álcool e um pouco de óleo de oliva.

Para terminar, completam-se 5 partes, por adição de glicerina.

Sabão líquido à base de óleo de palma — Coloca-se na caldeira uma mistura composta de 40 kg de óleo de palma e 10 kg de óleo de semente de girassol, juntam-se 26 kg de solução aquosa de potassa cáustica a 50° Bé e procede-se à saponificação, elevando-se a temperatura a 52ºC. Conseguido isto, incorporam-se 100 kg de açúcar, 5 kg de carbonato de potássio e 5 kg de cloreto de potássio dissolvidos em 500 litros de água.

Sabão líquido para oficinas

Fórmula

Óleo de coco (neutro)	126 partes (peso)
Solução de potassa cáustica a 38ºBé	90 partes (peso)
Glicerina	17 partes (peso)
Água	560 partes (peso)

Para a saponificação deste sabão, deve ser usada uma caldeira aquecida a vapor indireto, provida ou não de agitador. A agitação pode ser realizada, também, à mão, com a ajuda de uma espátula. Carrega-se a caldeira com a quantidade indicada de óleo e esquenta-se até alcançar uma temperatura de cerca de 80° C. Agrega-se, então, a solução de hidróxido de potássio (potassa cáustica) e revolve-se com a espátula até se ter conseguido a completa saponificação, coisa que requer meia hora aproximadamente. Em separado, se terá aquecido a água a 80ºC. Uma vez que se haja chegado ao final da operação anterior, essa água é incorporada ao sabão, revolvendo-se sempre para homogeneizar sua massa. Finalmente se junta a glicerina; o produto resultante se passa a tanques de fundo cônico, nos quais se sedimentarão quaisquer impurezas que porventura contenha, obtendo-se um líquido transparente, pronto para ser envasilhado.

Sabão líquido para talheres

Fórmula

Óleo de coco	220 partes (peso)
Solução de potassa cáustica a 38° Bé	157 partes (peso)
Glicerina	26 partes (peso)
Água	418 partes (peso)

Para a elaboração deste sabão, segue-se o método anterior.

Sabão líquido para pisos — São soluções de sabões sódicos e potássicos, cujo conteúdo de sabão seco oscila entre 10 a 25% e que, geralmente, se elaboram à base de óleo de pinho. Isto não impede que também se empreguem outros óleos, como o de linho, algodão, etc. A resina é outro dos constituintes destes produtos; em alguns casos, também se costuma incorporar ácido oléico.

Para fabricar sabão deste tipo, primeiramente se coloca, numa caldeira, o óleo ou os óleos escolhidos, exceto o de pinho; saponificam-se com a quantidade necessária de álcali e passam-se aos tanques de sedimentação, onde se procede à clarificação. Passa-se, novamente, o sabão à caldeira e logo se junta o óleo de pinho, procedendo-se a uma segunda saponificação. Incorporam-se, também, a resina e os recheios e, por último, deixa-se esfriar a massa obtida, para logo envasilhá-la.

Há quem aconselhe juntar carbonato de potássio e fosfato trissódico para que se aumentem as propriedades detergentes do sabão. Isto só será possível quando o produto vai ser empregado para a limpeza de pisos comuns. Tenha-se em mente que ambas as substâncias indicadas são sumamente poderosas e poderiam arruinar os linóleos ou as partes lustradas dos pisos.

CAPÍTULO XVI

OUTROS AGENTES DE LIMPEZA DOMÉSTICOS

Detergente biodegradável em pó — Este tipo de detergente possui um grande poder de limpeza, além de ser desengordurante e desinfetante.

Fórmula

Lauril-sulfato de sódio pulverizado	500 g
Carbonato de sódio anidro pulverizado	2000 g
Metassilicato de sódio pentahidratado	1500 g
Tripolifosfato de sódio em pó	4000 g
Sulfato de sódio anidro pulverizado	1900 g
Carboximetilcelulose pulverizado	100 g
Lavanda para detergentes	20 g

É necessário que todos estes produtos se encontrem o mais pulverizados possível; caso contrário será indispensável o uso de um moinho de martelos.

É preciso dispor de uma misturadora mecânica, construída a base de madeira forte. A figura n.º 25 mostra uma misturadora de produtos em pó.

Para fabricar este detergente, inicialmente se colocam na misturadora, os componentes em pó da fórmula, nas quantidades expressas nela e na mesma ordem. A lavanda será adicionada ao final.

Uma vez incorporados os produtos, coloca-se em movimento o agitador de pás da misturadora, mantendo este movimento por 25 minutos.

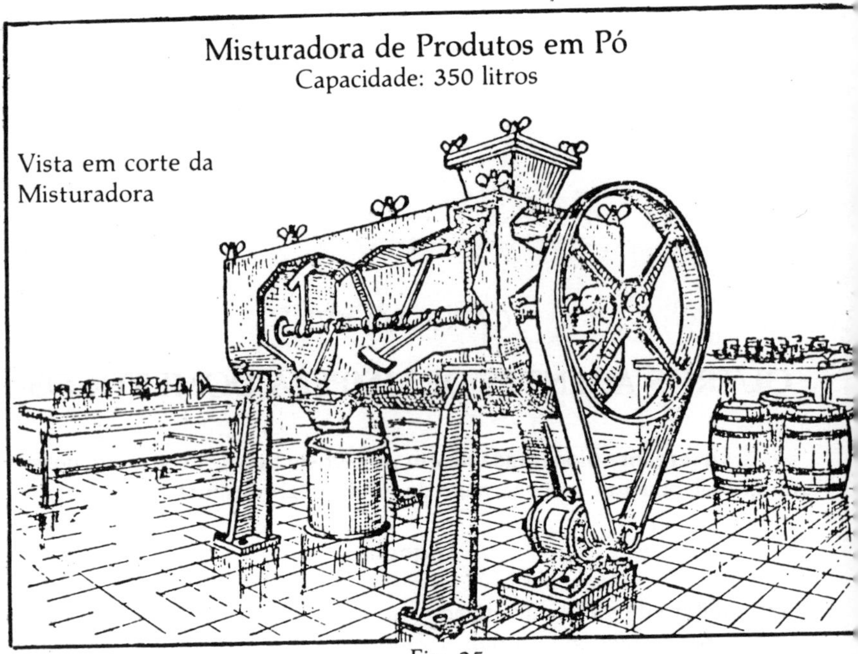

Misturadora de Produtos em Pó
Capacidade: 350 litros

Vista em corte da
Misturadora

Fig. 25

Passado este espaço de tempo, pára-se o movimento giratório das pás e, se observa se todos os produtos se encontram homogeneizados. Se isto não ocorrer, continuar por mais 15 minutos a mistura.

Ao fim desta operação se pulveriza a lavanda. Isto deve ser feito com cuidado para não se formar grumos de pó.

Detergente líquido biodegradável

Fórmula

Ácido dodecil benzeno sulfônico	22,00 %
Hidróxido de sódio	2,80 %
Dietanolamida de ácido graxo de coco	2,00 %
EDTA (sal sódico)	0,15 %
Formalina	0,10 %
Álcool 95º	q.s.p.
Essência e corante	q.s.p.
Água destilada	q.s.p.

Neutraliza-se o ácido dodecil benzeno sulfônico com a quantidade necessária de hidróxido de sódio, previamente dissolvido em água, posteriormente adiciona-se dietanolamida de ácido graxo de coco; o pH resultante deve ser em torno de 7,0; caso isso não ocorra, devido ao excesso de ácido sulfúrico no ácido dodecil benzeno sulfônico, adiciona-se mais hidróxido de sódio.

Em seguida, adiciona-se EDTA, formalina e corante, previamente dissolvidos em água. Adiciona-se a essência e o restante da água. Deve-se adicionar álcool 95° até a eliminação de turvação.

Agente de limpeza à Base de amônia — Pode-se preparar um agente de limpeza à base de amônia de acordo com a fórmula a seguir:

Fórmula

1,5 partes de detergente em pó
5,0 litros de água
1,5 litros de hidróxido de amônio (amônia)
1 sabão de coco ralado

Ferve-se 1 litro de água com sabão de coco ralado e 1,5 partes de detergente em pó.

Deixa-se esfriar. Quando frio, junta-se 4 litros de água e 1,5 litros de amônia.

Amaciante de roupa — O amaciante de roupas age soltando as fibras e atua ainda, como bactericida. Pode ser preparado à base de sal quaternário de amônio.

Fórmula

Sal quaternário	1000 g
Água	25 litros
Indigotina	q.b.
Lavanda	q.b.

Água de lavadeira ou água sanitária — A água de lavadeira ou sanitária pode ser preparada através de duas fórmulas:

Fórmula 1

1 parte de água de cloro
20 partes de água

Fórmula 2

330 g de hipoclorito de sódio
2000 ml de água

CAPÍTULO XVII

"SHAMPOOS"

Os "shampoos" são preparações que se usam, como se sabe, para a limpeza dos cabelos e da cabeça. Geralmente, são compostos de sabão potássico de óleo de coco. O óleo de oliva se segue em importância e, por último, temos os óleos de algodão, soja, etc., empregados em determinados casos, embora seja preferível prescindir-se deles, para melhor qualidade do produto.

São líquidos 90% dos "shampoos" que se encontram no comércio, mas há outros em forma de pães, em pó, creme e, também, preparados sem sabão.

"Shampoos" líquidos — Como dissemos anteriormente, quase todos são preparados à base de óleo de coco, em virtude de possuir este propriedades excelentes para o couro cabeludo. O óleo de oliva também serve, mas sempre convém juntar-lhe, ao menos 10% de óleo de coco. Alguns fabricantes costumam incorporar 5 a 10% de óleo de rícino.

Estes "shampoos" têm porcentagem de sabão que oscila entre 15 e 40%. Eis algumas fórmulas para sua preparação:

Fórmula 1

Óleo de coco puríssimo	1,25 partes (peso)
Óleo de oliva	6,50 partes (peso)
Glicerina	8,00 partes (peso)
Resina clara	0,75 partes (peso)
Solução de potassa cáustica a 38ºBé	4,50 partes (peso)
Água	30,00 partes (peso)

Vertem-se os óleos na caldeira e, com vapor indireto, eleva-se a temperatura a 80ºC. Agrega-se, em seguida, a resina e quando se tenha conseguido sua fusão e sua mistura homogênea com os óleos, põe-se a solução de potassa cáustica, agitando-se e continuando-se com o aquecimento durante meia hora ou até haver-se esquentado a água até uns 80ºC, que de imediato se incorpora ao "shampoo", fazendo-se o mesmo com a glicerina.

Mistura-se um pouco mais e leva-se a um tanque de sedimentação de fundo cônico onde, depois de certo repouso, as impurezas vão ao fundo, obtendo-se um sabão líquido transparente que estará pronto para ser envasilhado.

Naturalmente este preparado poderá ser colorido com qualquer das substâncias corantes indicadas para sabões; poder-se-á também dar cor com óleos essenciais.

Fórmula 2

Óleo de coco	8	kg
Óleo de oliva	2	kg
Ácido oléico	4	kg
Potassa cáustica	2,25	kg
Álcool	0,75	litros
Água	40	litros

A potassa cáustica é dissolvida na água; os óleos e o ácido oléico são vertidos na caldeira e aquecidos até uns 50ºC. Saponificam-se com a solução anteriormente preparada. Junta-se meio litro da quantidade de álcool indicada e eleva-se a temperatura a 70ºC. Neste interim, prepara-se a mistura seguinte:

Glicerina	0,50 kg
Bórax	0,50 kg
Carbonato de potássio	0,25 kg
Ácido oléico	30,00 kg

Dissolve-se o ácido oléico no resto de álcool; o bórax e o carbonato de potássio são dissolvidos na glicerina. Misturam-se bem ambas as soluções, incorporando-se à base de sabão antes preparada, quente ainda. Deixa-se esfriar, filtra-se e o produto fica pronto para ser envasilhado.

Fórmula 3

Óleo de coco	45	kg
Óleo de rícino	25	kg
Óleo de palma	30	kg
Solução de soda cáustica a 38º Bé	10	kg
Solução de potassa cáustica a 40º Bé	40	kg
Carbonato de sódio	1,5	kg
Cloreto de sódio	0,5	kg
Álcool	5	litros
Água pura	250	litros

Vertem-se os óleos na caldeira e esquenta-se até uns 70ºC; separadamente, preparam-se as lixívias de soda e potassa cáustica, as quais são incorporadas aos óleos, fazendo o mesmo com o carbonato e o cloreto de sódio, antes dissolvidos em um pouco de água. Continua-se o aquecimento, agitando-se ao mesmo tempo, até completar a saponificação e, por último, se juntam o álcool e a água, misturando-se até conseguir-se um líquido uniforme.

"Shampoos" diversos — Dissemos que à parte dos "shampoos" líquidos, podemos preparar outros tipos. Tais são os que se vendem em pães, em pó ou em creme. Os que não contêm sabão serão estudados posteriormente.

"Shampoos" em forma de pães

Fórmula

Ácido esteárico	20,0 partes (peso)
Solução de carbonato de potássio a 40ºBé	10,5 partes (peso)
Solução de carbonato de sódio a 40ºBé	4,0 partes (peso)
Solução de potassa cáustica a 35ºBé	0,6 partes (peso)

Faz-se a saponificação na forma indicada anteriormente e o sabão obtido é cortado em forma de pães, terminando-se como se achar conveniente.

"Shampoos" em pó

Fórmula

Sabão pulverizado à base de óleo de coco .... 30 kg
Carbonato de sódio mono-hidratado .... 45 kg
Bórax .... 25 kg
Corante amarelo .... q.s.p.
Perfume .... q.s.p.

Os ingredientes misturam-se inteiramente até se obter um pó homogêneo; passam-se pelo tamis e, por último, se envasilham em recipientes hermeticamente fechados.

"Shampoos" em forma de creme

Fórmula

Sabão potássico de óleo de coco .... 12 kg
Carbonato de potássio .... 3 kg
Água .... 18 litros
Glicerina .... 6 litros
Óleo essencial de flores de lavanda .... q.s.p.
Óleo essencial de bergamota .... q.s.p.

Corta-se o sabão em pequenas escamas e se dissolve juntamente com o carbonato de potássio na quantidade indicada de água. Em seguida, se incorporam a glicerina e os óleos essenciais, juntando mais água se se notar que o creme resulta demasiado espesso. Todas as operações se farão, esquentando-se com vapor indireto ou em banho-maria.

"Shampoos" à base de ovo

Fórmula

Claras de 20   ovos
Água .... 1,5 litros
Água amoniacal 1   litro
Álcool .... 1,25 litros
Perfume .... q.s.p

Batem-se bem as claras e vão-se juntando às mesmas, pouco a pouco, na ordem indicada, os demais ingredientes, agitando-se bem para formar uma mistura uniforme.

"Shampoos" preparados sem sabão — Geralmente, consistem estes "shampoos" em misturas de óleos sulfonados. Sua eficácia na limpeza do couro cabeludo está comprovada e pode-se afirmar que, em muitos casos, dão melhores resultados que um "shampoo" preparado com sabão. O momento mais sério na preparação deste "shampoo" reside na incorporação de um perfume para cobrir em parte o cheiro dos compostos sulfonados.

Em seguida, apresentamos duas fórmulas fáceis para sua preparação:

Fórmula 1

Óleo de rícino sulfonado	12 kg
Óleo de oliva sulfonado	5 kg
Vaselina líquida	1 litro
Glicerina	1 litro

Os ingredientes se misturam perfeitamente, ajudando-se com um pouco de calor se for necessário.

Fórmula 2

Óleo de rícino sulfonado	10 kg
Óleo de oliva sulfonado	40 kg
Vaselina líquida	15 kg
Água	35 kg
Solução de soda cáustica 25%	q.s.p.

Colocam-se todos os ingredientes, com exceção da solução de soda cáustica, em uma caldeira com fundo duplo e se esquentam até chegar a uma temperatura que oscile entre 45° e 50°. Em seguida, se incorpora a soda cáustica, pouco a pouco, até que a massa se torne transparente. Adiciona-se um perfume adequado e se embala.

Outros "shampoos" mais modernos são fabricados à base de Laurilsulfato. A seguir mostramos três fórmulas à base desse composto.

"Shampoo" de ovo

Fórmula

Lauril-sulfato de amônio .... 6 kg
Álcool oléico .... 200 g
Óleo de rícino .... 200 g
Álcool cetílico .... 500 g
Corante e perfume .... q.s.p.

Num banho-maria, se colocam os dois álcoois, aquecendo-os ligeiramente até que o cetílico, que é sólido, se dissolva. Agita-se com bastão de vidro. Depois se incorporam o óleo de rícino e o lauril-sulfato de amônio, agitando até que haja uma incorporação perfeita.

Por último, se leva o produto a pH igual a 5, adicionando ácido cítrico a 10% que contenha, por sua vez um 10% de Nipagin.

"Shampoo" para cabelos oleosos

Fórmula

Lauril-sulfato de monoetanolamina .... 4,85 kg
Dietanolamina de ácido graxo de coco .... 950 g
Cloreto de amônio .... 50 g
Nipagin .... 20 g
Água destilada .... 4,2 litros
Perfume e corante .... q.s.p

"Shampoo" para cabelos secos

Fórmula

Lauril-sulfato de amônio .... 4,85 kg
Dietanolamina de ácido graxo de coco .... 420 g
Nipagin .... 20 g
Água destilada .... 5,6 litros
Perfume e corante .... q.s.p.

A figura a seguir mostra o esquema de um banho-maria à base de óleo mineral.

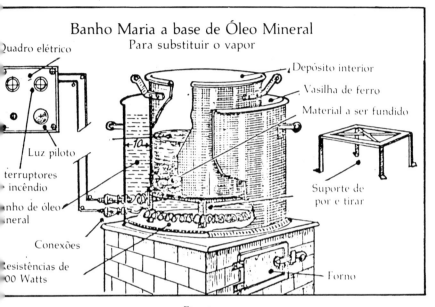

Fig. 26

CAPÍTULO XVIII

AS CORES E OS PERFUMES NA FABRICAÇÃO DE SABONETES

Cores — As cores empregadas na fabricação de sabonetes dividem-se em dois grupos: cores solúveis e cores insolúveis. Deve-se dar preferência às primeiras, porque não deixam resíduo. Antes de se proceder à coloração dos sabonetes ou de adicionar-lhes uma nova matéria corante, é de boa lembrança ensaiar primeiro a cor, porque há certas matérias corantes que se decompõem com rapidez sob a ação do álcali e isto prejudica em grande parte a aparência dos sabonetes.

As cores mais geralmente adotadas pelos fabricantes são:

Vermelho — Empregam-se: alcana, anilina vermelha ou solução de cochonilha, para os sabonetes transparentes; cinabre, para os sabonetes de primeira qualidade; zarcão ou vermelho de cromo para os sabonetes opacos, de qualidade inferior; vermelho de Inglaterra (colcotar), para os sabonetes opacos populares.

Amarelo — Empregam-se: extrato de curcuma ou de açafrão, para os sabonetes finos transparentes; amarelo de cromo, para os sabonetes opacos. Para as qualidades inferiores, emprega-se uma mistura de sabão preparado com óleo de palma, não clarificado, ou o extrato de açafrão. Querendo-se obter uma cor intensa, emprega-se ácido pícrico numa dose fraca.

Amarelo escuro — Emprega-se o cacau em pó finíssimo ou o caramelo, que se obtém, fazendo-se aquecer o açúcar, com muito cuidado, em uma vasilha própria e mexendo-se continuamente até que tenha se transformado numa massa que dê à espátula uma cor de ouro escuro.

Azul — Emprega-se o azul de anilina, para os sabonetes transparentes finos ou muito translúcidos, ou carmim de índigo de 1.ª qualidade, em pó, que se coloca em ácido sulfúrico durante alguns dias. Trata-se, depois, a solução obtida pela soda, filtra-se e adiciona-se água.

Preto — Emprega-se o negro de fumo, em pó, finíssimo.

Verde — Empregam-se: anilina verde ou uma mistura de carmim de índigo e ácido pícrico, para os sabonetes transparentes finos; verde de ultramar ou verde de cromo, para os opacos.

Cor de laranja — Emprega-se uma mistura simples de amarelo e vermelho.

Violeta — Emprega-se uma mistura simples de azul e vermelho. Deve-se fazer primeiramente um ensaio até que se encontre o tom desejado e, por conseguinte, poder-se calcular a porcentagem das cores a empregar.

O ácido pícrico, o açafrão, o carmim de índigo e o caramelo são cores solúveis na água, ao passo que as cores da anilina só se dissolvem no álcool concentrado. As cores insolúveis na água devem ser empregadas em pó finíssimo. A coloração dos sabonetes deve ser sempre a da flor que corresponde ao perfume empregado.

Perfumes — As essências adotadas na indústria de saboaria são muito fluidas umas, espessas outras e de consistênia butirosa. Às primeiras pertencem os óleos essenciais de limão, de flor de laranjeira, etc., e, às segundas, a essências de rosas, de sândalo, etc.

Se bem que os óleos vegetais voláteis possam ser diretamente adicionados ao sabão, é preferível dissolvê-los primeiramente em álcool e juntar depois esta solução à massa saponácea, obtendo-se, desta forma, um perfume melhor.

CAPÍTULO XIX

SABÕES FINOS DE TOUCADOR

Os sabões finos de toucad são fervidos, recebendo, no final, uma série de tratamentos com os quais se consegue melhorar o seu aspecto. Para a obtenção de um bom produto, é preciso que as matérias-primas sejam de primeira qualidade e que a neutralização seja completa.

Estes sabões não levam matérias de recheio ou enchimento e deverão produzir boa e abundante espuma; serão de desgaste lento e sua cor não se aclarará pelos efeitos da luz.

Os primeiros que se dedicaram a esta fabricação, foram, pelo que consta, os franceses, que associaram esta indústria à das essências, em que sempre têm ocupado lugar preponderante. O sabão obtido das caldeiras era cortado em escamas, as quais se amassavam num gral, conjuntamente com as essências e os corantes para fazer logo barras à mão, que, por sua vez, eram submetidas ao término.

Pouco a pouco, esses processo, primitivos, foram evoluindo; as operações se mecanizaram até chegar à atual indústria de sabões de toucador.

Término — Logo que o sabão se tenha solidificado, é cortado em barras para que seque com maior rapidez. Para que esses processos não sejam demasiado demorados, tratar-se-á de fazer com que a composição básica seja tal que permita uma secagem no menor tempo possível. As barras quando secas, reduzem-se a escamas com máquina especial.

Estas escamas têm uma umidade aproximada de 30%, que deverá reduzir-se a uns 5%, secando-as primeiramente ao ar e depois em câmaras especiais para secagem. Para este fim, é aconselhável o uso de bandejas de tela metálica galvanizada, de modo que o ar possa circular livremente pela parte superior e inferior do material sobre elas estendido.

Por meio de ensaios, se determinará o grau de secura, para cada tipo de sabão. Assim como não convém uma umidade excessiva, tampouco é bom que a secagem seja demasiado grande, pois em tal caso, se corre o risco da massa do sabão não se unir durante o empaste e resultar quebradiça.

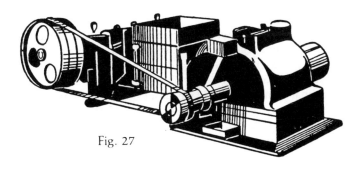

Fig. 27

Procede-se então ao empaste com os perfumes e os corantes num moinho especial, do tipo que vemos na figura 25 e que consta de vários rolos de granito.

Tal moinho consiste numa armação de ferro sobre a qual se montam os eixos portadores de cilindros de granito não absorvente, cujo número varia entre 3 e 5, embora haja máquinas que têm até 8. Por meio de engrenagens, consegue-se que cada rolo gire a uma velocidade diferente, para assegurar, de tal modo, homogeneidade maior à massa do sabão. O sabão sai em forma de cintas estreitas do último rolo as quais, em seguida, se passa na prensa de barras (fig. 26).

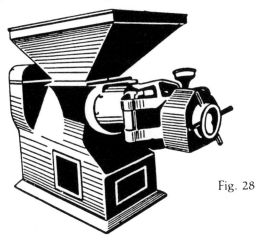

Fig. 28

A prensa de barras consiste em um ou mais tornos encerrados em uma caixa que comprime o sabão até transformá-lo em massa compacta, que se descarrega através de um orifício em forma de barra contínua. Com esta operação, consegue-se acelerar enormemente o término dos sabões de toucador.

Há dois tipos de prensas de barras: com um só torno e com torno duplo.

A barra que sai da prensa é cortada em pedaços de tamanho conveniente, os quais, sem seguida, são estampados com uma prensa comum.

Como se observa, o término dos sabões deste tipo é puramente mecânico; é conveniente vigiar severamente sua fabricação e empregar matérias-primas da melhor qualidade, desde que se destinam à lavagem de partes delicadas, que se ressentiriam da ação maléfica de um produto de baixa qualidade.

CAPÍTULO XX

SABONETES

O processo mais simples para o preparo do sabonete é por processo a frio. Como substância graxa, emprega-se sempre o óleo de coco, que precisa ser muito puro. Podem-lhe ser adicionadas pequenas quantidades de sebo, banha ou óleo de oliva, mas isto faz com que resulte um sabonete muito fácil de rançar. Para tornar o produto mais suave, pode-se adicionar, ao óleo de coco, cerca de 6% de lanolina. Quanto às substâncias alcalinas, convém que sejam muito puras.

Vai longe o tempo em que o fabricante de sabonete dispunha tão-somente de uns poucos utensílios principais, uma caldeira de fabricar sabão, alguns moldes, máquinas de cunhar e alguns cunhos. Nesse tempo, coloria-se e perfumava-se o sabão em estado líquido; ficava mais ou menos quente após a sua extração para os moldes, o que resultava numa grande perda de perfume, em virtude da temperatura elevada que ele continha neste estado e da essência ser um produto volátil; produziam-se, outrossim, certas alterações nas cores.

Atualmente, o fabricante de sabonetes só tem de preocupar-se em produzir um sabão de boa qualidade, muito puro e pouco alcalino, para que não irrite a cútis, por mais delicada que seja.

Para se conhecer se um sabão está muito ou pouco alcalino, prova-se na língua. Não se notando o sabor adstringente da soda ou da potassa, diz-se, neste caso, que o sabão está "doce", sinal claro de que está em condições para ser empregado na fabricação de sabonetes. Em virtude do grande desenvolvimento industrial, as demais operações são feitas mecanicamente, como descreveremos em seguida:

Depois de se obter um sabão puro e de boa qualidade, cortado em barras, é necessário reduzi-lo a pequenos fragmentos, para que se processe com mais desenvoltura a sua secagem. Emprega-se para esta operação a plaina rotativa, onde o sabão é cortado em lâminas mais ou menos delgadas, conforme se deseje. Estas máquinas que dão cerca de 300 a 400 rotações por minuto, são empregadas geralmente para grande produção.

Secagem — Depois de cortado em lâminas pela plaina rotativa, o sabão é levado ao secador para extrair-se a umidade excessiva que contenha.

Coloração e perfumagem — Tendo sido o sabão devidamente seco, o que se nota facilmente, por suas fitas se quebrarem na mão, procede-se à coloração e perfumagem, que é possível fazer-se ao mesmo tempo e, naturalmente, é mais econômico.

O sabão seco é colocado em depósitos de madeira forrados de folha-de-flandres ou de zinco; pesa-se num frasco de vidro a essência proporcional, a qual geralmente varia entre 5 e 9 gramas por quilo e se vai juntando ao sabão, mexendo-se sempre com o rodo; depois, dissolve-se a anilina da cor que se pretende obter em água quente e vai-se, pelo mesmo processo, misturando com o sabão, que, em seguida, é trabalhado no laminador. O sabão, entrando pelo funil recebe a pressão entre os cilindros de granito, que são movidos com diferentes andamentos para que vá a massa do sabão passando de uns para outros até chegar ao último onde se encontra uma raspadeira em forma de pente que desgarra o sabão em fitas. Passa-se o sabão por esta máquina quantas vezes se julgue necessárias, até que a essência e cor estejam intimamente ligadas, o que geralmente se consegue ao fim de três ou quatro operações, ficando, então, com uma cor uniforme e a massa homogênea.

Fig. 29

Estando o sabão perfumado, colorido e homogêneo, vai-se colocando, pouco a pouco na máquina compressora que vemos na figura 27. Os pequenos fragmentos de sabão são despejados no funil e, na parte inferior desse reservatório, há um "sem-fim" em espiral, em sentido horizontal que, recebendo o movimento pelas engrenagens, comprime a massa para a cabeça da máquina, que é cônica e tem aquecimento interno para que seja facilitada a ligação e a saída do sabão comprimido pela boca, de onde sai com feitio de bastão, redondo ou chato, conforme o sabão a que é destinado.

Após isso, segue a fabricação os caminhos normais, passando o sabão pela máquina cortadora, de cunhar, etc., até o seu pronto encaminhamento para a venda.

Tipos de sabonetes — Preparados pelo processo de fabricação a frio, existem variados tipos de sabonetes, os mais importantes dos quais enumeramos, a seguir, com suas respectivas fórmulas:

1 — Sabonete "Flor dos Alpes"

Fórmula

Essência de limão dissolvida em álcool	6 g
Essência de alfazema dissolvida em álcool	5 g
Essência de hortelã dissolvida em álcool	4 g
Essência de alecrim dissolvida em álcool	4 g
Essência de salva dissolvida em álcool	4 g
Essência de canela dissolvida em álcool	2 g
Óleo de coco saponificado	4 kg
Banha de porco saponificada	6 kg
Sabão de soda a 40º Bé saponificada	5 kg
Coloração verde pelo índigo e ácido pícrico	

2 — Sabonete de amêndoas amargas

Fórmula

Óleo de coco saponificado	4 kg
Banha de porco saponificada	6 kg
Lixívia de soda a 40º Bé saponificada	5 kg
Essência de amêndoas amargas	70 g
Essência de bergamota	50 g
Essência de limão	20 g

Em substituição à essência de amêndoas amargas, pode-se empregar nitrobenzeno (100 g) que é bem mais barato e produz idênticos resultados.

3 — Sabonete de benjoim

Fórmula

Sabão branco	50 kg
Tintura de benjoim	4 kg

4 — Sabonete de almíscar

Fórmula

Sabão de coco	20 kg
Sabão de óleo de palma	20 kg
Sabão de sebo	20 kg
Extrato de almíscar (abelmosco)	40 g
Essência de bergamota dissolvida em álcool	200 g
Essência de raiz de cravo-da-índia	20 g
Essência de gerânio dissolvida em álcool	25 g
Coloração escura	

O extrato de almíscar é obtido colocando-se 1000 g de álcool em 100 g de almíscar e 100 g de potassa.

5 — Sabão áspero (para substituir a pedra-pomes)

Fórmula

Sabão	6 kg
Essência de amêndoas amargas	6 g
Essência de bergamota	25 g
Essência de cássia	5 g
Essência de limão	2 g
Essência de noz-moscada	2 g
Areia fina, bem lavada	1kg

6 — Sabonete de "Bouquet"

Fórmula 1

Sabão	6 kg
Essência de bergamota	50 g
Essência de raiz de cravo	10 g
Essência de sassafrás	5 g
Essência de salva	6 g

Fórmula 2

Sabão	12 kg
Essência de bergamota	40 g
Essência de limão	10 g
Essência de raiz de cravo	8 g
Essência de flores de laranjeira	5 g
Essência de sassafrás	16 g
Essência de canela	4 g
Coloração vermelho escura	

7 — Sabonete de cânfora

Fórmula

Sabão	3 kg
Cânfora	60 g
Essência de cominho	25 g
Essência de alecrim	25 g
Cor branca	

8 — Sabonete de cássia

Fórmula

Sabão	3 kg
Essência de bergamota	10 g
Essência de limão	5 g
Essência de sassafrás	5 g
Essência de cássia	10 g
Coloração amarela, pelo amarelo de cromo	

9 — Sabonete de limão

Fórmula

Sabão	6 kg
Essência de limão	40 g
Essência de bergamota	15 g
Essência de gramíneas	5 g
Coloração amarela, pelo açafrão	

10 — Sabonete de coentro

Fórmula

Sabão	6 kg
Essência de anis	5 g
Essência de bergamota	10 g
Essência de limão	10 g
Essência de coentro	20 g
Coloração a gosto	

11 — Sabonete de malvaísco (superfino)

Fórmula

Sabão de coco	2 kg
Sabão de óleo de palma	2 kg
Sabão de sebo	2 kg
Essência de limão	10 g
Essência de bergamota	5 g
Essência de alfazema	40 g
Essência de flores de laranjeira	10 g
Essência de hortelã	2 g
Essência de verbena	5 g
Essência de canela	1 g
Coloração: amarela, pela goma-guta (20 g); vermelha pelo cinabre (15 g)	

12 — Sabonete de malvaísco (popular)

Fórmula

Essência de alfazema	8 partes (peso)
Essência de raiz de cravo-da-índia	15 partes (peso)
Essência de cascas de laranja	25 partes (peso)
Essência de "patchuli"	4 partes (peso)
Essência de canela	8 partes (peso)

13 — Sabonete de funcho

Fórmula

Sabão	6 kg
Essência de funcho	25 g
Essência de cominho	15 g
Coloração branca	

14 — Sabonete de Criméia

Fórmula

Sabão de óleo de palma	6 kg
Sabão de sebo	24 kg
Tintura de benjoim	125 g
Essência de alfazema	35 g
Essência de raiz de cravo-da-índia	20 g
Essência de hortelã	100 g
Essência de alecrim	100 g
Essência de tomilho	100 g
Essência de canela	20 g
Coloração vermelha, pelo cinabre ou escura pelo ocre	

15 — Sabonete de água-de-colônia

Fórmula

Sabão branco	10 kg
Essência de flores de laranjeira	20 g
Essência de melissa	20 g
Essência de alfazema	6 g
Essência de bergamota	10 g
Essência de almíscar	3 g

16 — Sabonete de alfazema

Fórmula

Sabão de sebo ...... 3 kg
Sabão de coco ...... 3 kg
Essência de alfazema ...... 50 g
Extrato de âmbar ...... 10 g
Coloração branco pálida

17 — Sabonete de mil flores

Fórmula Inglêsa

Sebo saponificado ...... 25 kg
Óleo de coco saponificado ...... 12 kg
Azeite saponificado ...... 12 kg
Lixívia de soda a 40º Bé saponificada ...... 24 kg
Essência de bergamota ...... 160 g
Essência de alfazema ...... 140 g
Essência de raiz de cravo-da-índia ...... 140 g
Essência de flores de laranjeira ...... 40 g
Essência de tomilho ...... 40 g
Essência de canela ...... 20 g
Coloração a gosto

18 — Sabonete de mil flores

Fórmula Francesa

Sebo saponificado ...... 25 kg
Óleo de coco saponificado ...... 12 kg
Azeite saponificado ...... 12 kg
Lixívia de soda a 40º Bé saponificada ...... 24 kg
Essência de bergamota ...... 180 g
Essência de cássia ...... 20 g
Essência de limão ...... 120 g
Essência de alfazema ...... 120 g
Essência de raiz de cravo-da-índia ...... 90 g
Essência de rosa ...... 20 g
Essência de "patchuli" ...... 10 g
Essência do Peru ...... 80 g
Coloração rosa pela alcana

19 — Sabonete de óleo de palma

Fórmula

Sabão de óleo de palma não clarificado	3 kg
Sabão de sebo	3 kg
Sabão de coco	6 kg
Essência de cássia	30 g
Essência de funcho	15 g
Essência de cominho	35 g
Essência de alfazema	40 g
Essência de sassafrás	35 g
Coloração vermelho viva, pelo cinabre	

20 — Sabonete rosa (1.ª qualidade)

Fórmula

Sabão de coco	24 kg
Sabão de sebo	35 kg
Essência de rosa	160 g
Essência de bergamota	80 g
Coloração rosa	

21 — Sabonete rosa (2.ª qualidade)

Fórmula

Sabão de coco	6 kg
Essência de bergamota	16 g
Essência de gerânio	16 g
Tintura de abelmosco	4 g
Essência de rosa	3 g
Essência de sassafrás	2 g
Coloração rosa	

22 — Sabonete branco de rosa

Fórmula

Sabão de coco	3 kg
TIntura de âmbar	1 g
Essência de cássia	3 g
Essência de gerânio	15 g
Essência de raiz de cravo-da-índia	4 g
Tintura de abelmosco	1 g
Essência de rosas	5 g

Cor branca.

23 — Sabonete de flores de laranjeira

Fórmula

Sabão de coco	3 kg
Sabão de sebo	3 kg
Essência de flores de laranjeira	10 g
Essência de gerânio	2 g

Cor branca.

24 — Sabonete de baunilha (fino)

Fórmula

Manteiga de cacau saponificada	10 kg
Banha de porco saponificada	6 kg
Óleo de coco saponificado	3 kg
Lixívia de soda saponificada	4 kg
Tintura de âmbar	20 g
Essência de alfazema	30 g
Tintura de abelmosmo	20 g
Bálsamo do Peru	5 g
Baunilha	20 g

Coloração escura, pelo cacau, numa quantidade de 400 a 600 gramas.

25 — Sabonete de baunilha (popular)

Fórmula

Sabão branco	1 kg
Bálsamo do Peru	5 g
Benjoim	5 g

26 — Sabonete de violeta

Fórmula

Sabão de coco	6 kg
Sabão de sebo	6 kg
Sabão de óleo de palma	3 kg
Essência de limão	75 g
Tintura de abelmosco	75 g
Essência de sassafrás	75 g
Raiz de violeta em pó	125 g

Coloração violeta, pela alcana e carmim de índigo.

27 — Sabonete de Windsor (branco)

Fórmula

Sabão de coco	3 kg
Sabão de sebo	3 kg
Essência de limão	4 g
Essência de funcho	12 g
Essência de cominho	25 g
Essência de alfazema	25 g
Essência de raiz de cravo-da-índia	20 g

Cor branca.

28 — Sabonete de Windsor (vermelho)

Fórmula

Sabão de coco	3 kg
Sabão de sebo	3 kg
Essência de cássia	20 g
Essência de funcho	20 g
Essência de cominho	20 g
Essência de sassafrás	15 g
Essência de canela	4 g

Cor vermelha

29 — Sabonete de Windsor (vermelho)

Fórmula Inglêsa

Sabão de coco	75 kg
Sabão de sebo	50 kg
Sabão de óleo de palma	25 kg
Essência de alfazema	1 kg
Essência de cravo-da-índia	50 kg

Coloração vermelha, pelo vermelho de Inglaterra.

30 — Sabonete de Windsor (escuro)

Fórmula

Sabão de sebo	10 kg
Sabão de coco	15 kg
Sabão de óleo de palma	5 kg
Essência de cássia	10 g
Essência de coentro	5 g
Essência de funcho	7 g
Essência de cominho	20 g
Essência de alfazema	30 g
Essência de sassafrás	20 g

Coloração escura, através de meio litro de cacau.

31 — Sabonete de canela

Fórmula

Sabão de coco	6 kg
Sabão de óleo de palma	3 kg
Sabão de sebo	3 kg
Essência de bergamota	20 g
Essência de cássia	100 g
Essência de sassafrás	20 g

Coloração amarela pelo caramelo.

32 — Sabonete comum — Para a fabricação do sabonete comum à frio, há muitos fabricantes que adotam uma só qualidade de sabão, qualidade essa que se obtém do modo seguinte:

Fórmula

Óleo de coco de 1ª qualidade	40 partes (peso)
Óleo de palma clarificado	2 partes (peso)
Resina de pinheiro muito pura	1 parte (peso)
Azeite	8 partes (peso)
Sebo depurado	5 partes (peso)

A baixa temperatura, misturam-se estes ingredientes e, isto feito, saponifica-se tudo por meio de um trabalho manual prolongado e com auxílio de lixívia de soda cáustica a cerca de 40° Bé. A massa assim obtida é depois lançada em pequenos moldes, de modo a ficar em blocos, aos quais, ao mesmo tempo, se dá a coloração que se desejar. Este processo tem a vantagem de produzir sempre um sabão de boa qualidade e de tipo certo.

Depois desta operação, cortam-se os blocos em formato de sabonetes, que serão perfumados com diversas essências, pondo-se, em seguida, a secar. Na fabricação do sabão de toucador, podem-se utilizar todos os perfumes que geralmente se encontram no comércio.

Presta-se o processo a frio, principalmente, para a preparação de sabonetes que, por seu perfume muito volátil, não suportariam temperaturas muito elevadas. É conveniente juntar sempre aos perfumes mais delicados certa quantidade de tintura de âmbar ou de musgo, a fim de fixá-los.

Utilizando-se as fórmulas que atrás enumeramos poderá o fabricante ir-se inteirando de sua técnica, das diferentes misturas e descobrir, por si, outras e mais variadas fórmulas para seu uso exclusivo.

Assim, preparará sabonetes de alcatrão, de frangipane, de mel, de ervas, de almíscar, etc., seguindo os processos indicados e fazendo uso, sempre, de matéria-prima de boa, se não de ótima qualidade, a fim de que seus produtos possam impor-se no mercado e salvaguardar, desta forma, o bom nome de seu fabricante.

CAPÍTULO XXI

SABONETES TRANSPARENTES DE GLICERINA, ESPUMOSOS E PARA A BARBA

Sabonete transparente — Para a obtenção de um sabonete desta qualidade, dissolve-se no seu peso de álcool concentrado e em ebulição a banho-maria, um sabão em pó, de boa qualidade, que seja de sebo, mexendo tudo constantemente até que se inicie a cozedura, que se prolongará por alguns minutos.

Logo que a dissolução esteja terminada, deixa-se esfriar lentamente e vaza-se o licor obtido nos moldes, deixando-o arrefecer a fim de solidificar-se.

Quando estiver completamente seco, o que se obtém expondo o sabão ao ar livre, lavam-se os sabonetes com uma pequena esponja embebida em álcool concentrado, lustrando-se depois com uma flanela.

São coloridos e perfumados em estado líquido. No ato de vazar os sabonetes nos moldes é preciso que se tenha o máximo cuidado, para que não vá juntamente algum corpo estranho que se deposita no fundo da caldeira durante o resfriamento, o qual, para ser completo, exige algumas horas. Para que ganhem esses sabonetes aspecto bonito convém que se dissolvam as matérias corantes, previamente, em álcool. Os corantes de anilina devem ser preferidos, porque se dissolvem com facilidade e dão uma coloração intensa e transparente ao produto. Obtém-se, da mesma forma, sabonetes transparentes, saponificando-se 100 kg de azeite e 500 kg de banha de porco em 100 kg de lixívia de potassa a 20° Bé. Feito isto, deixa-se evaporar o sabão obtido pela adição de 200 kg de lixívia até que apresente a consistência de um bom sabão mole. Enquanto o sabão estiver no estado líquido, junte-se-lhe de 4 a 8% de sabão de coco. Para a transformação deste sabão em sabonete transparente, procede-se do mesmo modo que para os sabonetes duros. Misturando-se sabão de sebo, granulado, duro, de soda, com o sabão mole de azeite e base de potassa, obtém-se um bom sabonete transparente, muito espumoso e de consistência entre duro e mole.

Sabonete de glicerina — É obtido tratando-se diretamente as matérias-primas. O melhor processo é, talvez, este:

Fundem-se juntamente 80 kg de sebo, 40 kg de óleo de coco e 80 kg de banha de porco. A esta mistura vai-se juntando pouco a pouco e mexendo sempre com uma espátula, uma lixívia de potassa. Juntam-se ainda ao sabão de 12 a 20 kg de glicerina, mexendo-se a massa, sem cessar. Feito isto, lança-se o líquido nos moldes. As matérias corantes e os perfumes serão dissolvidos, previamente, na glicerina.

Sabonetes espumosos — São muitíssimos leves estes sabonetes. O processo para sua fabricação é o indicado na fabricação dos sabões flutuantes. Devido à sua natureza porosa, o sabonete espumoso é empregado na preparação dos sabonetes para a barba. Os sabonetes espumosos devem ser envolvidos numa folha de estanho destinada a impedir a evaporação da água, bem como a volatilização do perfume. Apresentamos, a seguir, alguns tipos de sabonetes espumosos.

a — Sabonete espumoso de "Bouquet"

Fórmula

Sabão de sebo	10 kg
Água	5 kg
Essência de bergamota	30 g
Essência de cássia	3 g
Essência de limão	5 g
Essência de alfazema	20 g
Essência de cravo-da-índia	10 g
Coloração a gosto.	

b — Sabonete espumoso de flores

Fórmula

Sabão de sebo	5 kg
Sabão de azeite	5 kg
Água	5 kg
Essência de aniz	4 g
Essência de bergamota	10 g
Essência de limão	5 g
Essência de gramíneas	3 g
Essência de macis	4 g
Essência de Portugal	5 g
Essência de tomilho	10 g
Essência de vetiver	5 g
Essência de canela	3 g

Coloração vermelho viva.

c — Sabonete espumoso de rosa

Fórmula

Sabão de sebo	5 kg
Sabão de coco	5 kg
Água	5 kg
Essência de bergamota	3 g
Essência de gerânio	10 g
Essência de sândalo	5 g
Tintura de almíscar	2 g
Tintura de abelmosco	4 g

Coloração rosa.

Sabonetes para a barba — Não só em estado sólido, como também em estado butiroso e líquido, são empregados os sabonetes para a barba. Excelente massa para sabonete para a barba é obtida saponificando 90 partes de sebo depurado e 10 partes de óleo de coco de primeira qualidade com lixívia composta de 80 partes de lixívia de soda e 20 partes de lixívia de potassa. A adição do óleo de coco dá origem à formação de grande quantidade de espuma. São os sabonetes para a barba quase sempre perfumados, algumas vezes coloridos. Pode-se adicionar um suavizante, como a lanolina ou outro qualquer.

Fig. 30

Pasta para a barba — Para preparar esta pasta funde-se o sabão com água suficiente para que, após o resfriamento, forme uma pasta branda, que deve ser depois muito bem triturada no almofariz (fig. 28).

Fórmula

Sabão	1 kg
Álcool	5 g
Essência de amêndoas amargas	6 g
Essência de bergamota	4 g
Essência de macis	2 g
Essência de cravo-da-índia	2 g

Pode-se adicionar ainda, mentol.

Sabonete líquido para a barba — O procedimento é o mesmo indicado para a pasta anterior. Pode-se colorir de vermelho pálido, com cochonilha.

Fórmula 1

Sabão branco fino	10 kg
Essência de amêndoas gordas	1 kg
Álcool	5 kg
Água de rosas	5 kg
Tintura de âmbar	100 g
Tintura de benjoim	100 g

Fórmula 2

Sabão branco fino	1 parte (peso)
Álcool	2 partes (peso)
Água de flores de laranjeira	3 partes (peso)

Funde-se o sabão a uma temperatura tão baixa quanto possível, numa parte de água de flores de laranjeira e, logo que a solução esteja completa, junta-se o resto da mesma água com o álcool. Deixa-se ficar tudo em repouso por algumas horas, em uma vasilha fechada, envasilhando-se depois.

CAPÍTULO XXII

PERFUMES

Para a preparação dos diferentes tipos de perfumes, podemos partir das chamadas essências, diluindo-as em álcool ou fazendo uma solução alcoólica de concentração desejada diretamente com os princípios aromáticos, sob a forma de óleos essenciais. Designamos por essências as misturas elaboradas com princípios aromáticos ou fixadores e, em certos casos, com corantes.

Os princípios aromáticos, empregados nas chamadas essências, podem-se apresentar sob a fórmula de óleos essenciais, de essências propriamente ditas ou de tinturas; os fixadores, sob forma de resina, bálsamo, etc.; e os corantes são geralmente empregados sob a forma de soluções alcoólicas. Os extratos, loções, águas-de-colônia, etc., são soluções alcoólicas dessas essências dos princípios aromáticos.

Antes de darmos algumas indicações ou fórmulas para o preparo de essências, achamos de bom senso dar os seguintes conselhos ao fabricante, para que se evitem dissabores e prejuízos:

1.º — Experimentar as receitas em pequena escala; para preparar, em menor escala que a receita, dividem-se as quantidades indicadas por um mesmo número; assim, pode-se preparar na proporção de meio, um quarto ou um décimo da receita.

2.º — Usar as substâncias indicadas, não as substituindo por outras mais fáceis de encontrar ou mais baratas; as substituições só são aconselháveis quando se tenha comprovado a eficiência dessas essências e haver-se verificado que não haverá prejuízo. As quantidades, concentrações e outras características, como a densidade do perfume, etc., devem manter-se conforme manda a receita, podendo variar somente quando a prática e o bom-senso o indicam.

Os princípios aromáticos são empregados na proporção de 2 a 10% e a proporção justa é determinada pela intensidade de odor do princípio aromático (perfumes muito penetrantes, fortes, suaves e fracos), pela concentração do princípio aromático (óleo essencial, essência, tintura), pelo tipo de produto que se deseja preparar (perfume de toucador, para lenços, etc.) e pela classe do produto (artigo fino ou vulgar).

Os fixadores são usados na proporção que oscila entre 0,1 e 0,5% e precisam preencher certos requisitos, tais como: serem perfeitamente solúveis em álcool e nos princípios aromáticos; serem empregados em concentração adequada; não terem odor que contraste ou prejudique os princípios aromáticos; e serem incolores ou pouco coloridos.

Os solventes são empregados em proporção que some 100% com a porcentagem dos princípios aromáticos e fixadores. O álcool etílico, que geralmente é usado como solvente, precisa obedecer a certas condições tais como: ser puro e retificado (isento de fusel); ter concentração adequada, usualmente de 90° a 95°; e ser incolor e inodoro. A água usada como solvente, deve ser destilada ou, de preferência, a proveniente do processo de extração com vapor. Uma vez que se escolheu a combinação dos princípios aromáticos e fixadores, processa-se à diluição a frio com o álcool na concentração adequada. A solução deve ser agitada, guardada em lugar fresco e meio escuro. Se a solução apresentar-se turva, trata-se com carbonato de magnésio, filtrando-se, em seguida, em papel-filtro comum. O produto deve ser acondicionado, como manda o bom-senso, em frascos elegantes e sugestivos, sempre tendo-se em vista o valor do artigo.

Quanto aos tipos, dividem-se os artigos de perfumaria em extratos finos, tríplices e duplos, estratos comuns, loções, águas-de-colônias, águas aromáticas, etc. que podem ser artigos inferiores e superiores.

Tipos de perfumes — Seguindo-se as indicações precedentes, vejamos alguns tipos de perfumes, com suas respectivas fórmulas.

a — Perfume "Bouquet"

Fórmula 1

"Bouquet Classique"

Essência de rosa	30 partes (volume)
Essência de néroli	20 partes (volume)
Essência de bergamota	15 partes (volume)
Essência de cedro	10 partes (volume)
Essência de pau-rosa	10 partes (volume)
Essência de âmbar	8 partes (volume)

Essência de gerânio	8 partes (volume)
Solução de **musc** ambreta a 20%	30 partes (volume)
Solução de **musc** cetônico a 20%	30 partes (volume)
Tintura de benjoim	80 partes (volume)
Tintura de rosa	50 partes (volume)
Tintura de néroli	50 partes (volume)
Álcool inodoro	260 partes (volume)

Fórmula 2

"Bouquet de France"

Essência de bergamota	30 partes (volume)
Essência de âmbar	20 partes (volume)
Essência de rosa	15 partes (volume)
Essência de néroli	10 partes (volume)
Essência de jasmim	10 partes (volume)
Essência de cássia	10 partes (volume)
Essência de íris	6 partes (volume)
Essência de verbena	5 partes (volume)
Essência de lavanda	5 partes (volume)
Essência de cravo	3 partes (volume)
Essência de cedro	2 partes (volume)
Solução de **musc** ambreta a 20%	60 partes (volume)
Solução de vanilina a 10%	40 partes (volume)
Tintura de benjoim	100 partes (volume)
Álcool inodoro	300 partes (volume)

b — Perfume "Chipre" Clássico

Fórmula

Essência de pau-rosa	40 partes (volume)
Essência de bergamota	28 partes (volume)
Essência de violeta	10 partes (volume)
Essência de limão	5 partes (volume)
Essência de crisântemo	5 partes (volume)
Essência de ilangue-ilangue	5 partes (volume)
Essência de rosa	5 partes (volume)
Essência de cravo	5 partes (volume)
Acetato de linalila	5 partes (volume)

Essência de heliotrópio	5 partes (volume)
Solução de **musc** cetônico a 20%	70 partes (volume)
Solução de vanilina a 10%	50 partes (volume)
Solução de bálsamo de Tolu	50 partes (volume)
Tintura de fava cumaru	200 partes (volume)
Tintura de benjoim	80 partes (volume)
Álcool inodoro	50 partes (volume)

c — Perfume "Flor de cerejeira"

Fórmula 1

Óleo de néroli	15 partes (peso)
Oleo de bergamota	5 partes (peso)
Óleo de laranja doce	1 parte (peso)
Tintura de jasmim	25 partes (peso)
Tintura de almíscar	50 partes (peso)

Fórmula 2

Essência de néroli	12 partes (peso)
Essência de cássia	2 partes (peso)
Tintura de almíscar	15 partes (peso)

Fórmula 3

Essência de néroli	45 partes (peso)
Essência de rosas	2 partes (peso)
Tintura de almíscar	30 partes (peso)

d — Perfume "Flores de primavera"

Fórmula

Óleo de rosa	5 partes (volume)
Tintura de violeta	25 partes (volume)
Tintura de cássia	25 partes (volume)
Óleo de bergamota	8 partes (volume)
Tintura de âmbar	50 partes (volume)

e — Perfume "Heliotrópio"

Fórmula 1

Heliotropina	2,5 partes (peso)
Vanilina	0,5 partes (peso)
Cumarina	0,25 partes (peso)
Tintura de almíscar	0,5 partes (peso)
Óleo de ilangue-ilangue	0,2 partes (peso)
Geraniol	0,1 parte (peso)
Benzaldeído	0,05 partes (peso)

Fórmula 2

Heliotropina	50 partes (peso)
Cumarina	3 partes (peso)
Tintura bálsamo do Peru	100 partes (peso)
Vanilina	3 partes (peso)
Terpineol	5 partes (peso)

f — Perfume "Ilangue-Ilangue"

Fórmula

Óleo essencial de ilangue-ilangue	0,6 partes (peso)
Óleo essencial de néroli	0,3 partes (peso)
Óleo essencial de rosas	0,3 partes (peso)
Óleo essencial de bergamota	0,15 partes (peso)
Almíscar em grão	1,0 parte (peso)
Álcool a 95º	50,0 partes (peso)

Deixa-se a solução em contato por 15 dias

g — Perfume "Irís"

Fórmula

Ionona	0,2 partes (peso)
Óleo de íris	0,6 partes (peso)
Heliotropina	30 partes (peso)
Terpineol	3,6 partes (peso)
Óleo de ilangue-ilangue	1,12 partes (peso)
Óleo de linaloes	0,30 partes (peso)
Acetato de amila	0,30 partes (peso)

h — Perfume "Jasmim"

Fórmula

Essência de jasmim	50 partes (peso)
Heliotropina	1 parte (peso)
Vanilina	1 parte (peso)
Essência de lírio de Florença	0,5 partes (peso)
Essência de amêndoas amargas	0,1 parte (peso)

i — Perfume "Junquilho"

Fórmula

Essência de violeta	1 parte (peso)
Essência de jasmim	1,5 partes (peso)
Essência de acácia	1,5 partes (peso)
Essência de néroli	1,5 partes (peso)
Tintura de rosas	30 partes (peso)
Tintura de baunilha	30 partes (peso)
Tintura de amêndoas amargas	0,5 partes (peso)

j — Perfume "Lírio"

Fórmula

Óleo de linaloes	6 partes (peso)
Óleo de néroli	2 partes (peso)
Óleo de jasmim	1 parte (peso)
Butirato de amila	0,2 partes (peso)
Tintura de almíscar	0,2 partes (peso)

k — Perfume "Magnólia"

Fórmula

Essência de rosas	5 partes (peso)
Essência de néroli	2,5 partes (peso)
Essência de tuberosa	1,25 partes (peso)
Essência de violeta	1,2 partes (peso)
Essência de amêndoas amargas	0,02 partes (peso)
Óleo essencial de limão	0,02 partes (peso)

l — Perfume "Mirta"

Fórmula

Extrato de baunilha	4 partes (peso)
Extrato de rosas	8 partes (peso)
Extrato de néroli	4 partes (peso)
Extrato de tuberosa	4 partes (peso)
Extrato de jasmim	1 parte (peso)

m — Perfume "Narciso"

Fórmula

Cariofilina	0,6 partes (peso)
Óleo de néroli	1,5 partes (peso)
Óleo de ilangue-ilangue	1,5 partes (peso)
Óleo de cravo-da-índia	0,3 partes (peso)
Extrato de tuberosa	300 partes (peso)
Extrato de jasmim	100 partes (peso)

n — Perfume "Patchuli"

Fórmula

Óleo de "patchuli"	7,5 partes (peso)
Óleo de rosas	1,5 partes (peso)
Tintura de almíscar	20 partes (peso)

o — Perfume "Primavera"

Fórmula

Essência de jasmim	10 partes (peso)
Óleo de bergatoma	5 partes (peso)
Óleo de limão	2 partes (peso)
Óleo de laranja (casca)	2 partes (peso)
Óleo de cravo-da-índia	0,5 partes (peso)
Tintura de âmbar	10 partes (peso)

p — Perfume "Rosa"

Fórmula

Essência de rosas	10 partes (peso)
Essência de néroli	3 partes (peso)
Tintura de âmbar	20 partes (peso)
Tintura de almíscar	15 partes (peso)

q — Perfume "Verbena"

Fórmula

Óleo de **lemon-grass**	5 partes (peso)
Óleo de limão	10 partes (peso)
Óleo de néroli	2 partes (peso)
Óleo de laranja	15 partes (peso)
Essência de tuberosa	20 partes (peso)

r — Perfume "Violeta"

Fórmula

Ionona	3 partes (peso)
Tintura de benjoim	10 partes (peso)
Óleo de amêndoas amargas	0,5 partes (peso)
Óleo de néroli	0,5 partes (peso)
Essência de jasmim	30 partes (peso)
Tintura de íris	30 partes (peso)

CAPÍTULO XXIII

EXTRATOS E PERFUMES INGLESES

Extratos — O processo mais prático para a fabricação de extratos consiste em juntar-se a essência da flor desejada, na base de 35 gramas para cada litro de álcool absoluto, desodorado, como já foi explicado, após o que se deixa em maceração pelo espaço de 25 dias, de preferência em lugar fresco e escuro, isento da luz solar. A vasilha deve ser de vidro e muito bem tapada, a fim de que não se dê a evaporação de gases, o que prejudicaria o extrato. Após a maceração, deve-se juntar um pouco de benjoim em pó, que atua como fixador, logo que tenha o extrato saído do filtro.

Fórmula geral

Álcool absoluto, desodorado	0,5 l
Essência de rosas	8,0 g
Essência de jasmim, tríplice	2,0 g
Essência de limão	1,0 g
Essência de canela de Ceilão	1,0 g
Essência de bergamota	1,0 g
Heliotropina	1,0 g

Esta fórmula serve de segura orientação, pois o fabricante poderá empregar nela qualquer essência que deseje ou qualquer combinação de essência. Deverá dividi-las de maneira que não ultrapasse de 35 gramas para cada litro de álcool.

A fórmula acima é a do extrato "Bouquet" de rosas e fica em maceração por 25 dias; depois filtra-se e passa-se por um pouco de benjoim em pó.

Tipos de extratos — Apresentamos, a seguir, alguns dos tipos comuns de extratos, com suas respectivas fórmulas.

a — Extrato "Bouquet"

Fórmula 1
"Bouquet D'Amour"

Essência de rosa	20 cc
Essência de jasmim	18 cc
Essência de acácia	18 cc
Essência de violeta	12 cc
Essência de cedro	8 cc
Essência de bergamota	8 cc
Essência de âmbar	6 cc
Essência de néroli	6 cc
Essência de cravo	3 cc
Essência de limão	2 cc
Essência de chêne	1 g
Solução de **musc** ambreta a 20%	60 cc
Solução de vanilina a 10%	40 cc
Tintura de fava cumaru	50 cc
Tintura de néroli	50 cc
Álcool inodoro	300 cc

Fórmula 2
"Bouquet" Real

Essência de bergamota	35 partes (peso)
Essência de néroli	18 partes (peso)
Essência de rosa	15 partes (peso)
Essência de verbena	12 partes (peso)
Essência de cravo	10 partes (peso)
Essência de anis	4 partes (peso)
Essência de violeta	4 partes (peso)
Essência de íris	3 partes (peso)
Essência de mirbane	2 partes (peso)
Solução de **musc** ambreta a 20%	60 partes (peso)
Solução de **musc** cetônico a 20%	40 partes (peso)
Tintura de cássia	100 partes (peso)
Tintura de mimosa	100 partes (peso)
Tintura de benjoim	50 partes (peso)
Tintura de baunilha	50 partes (peso)
Álcool inodoro	200 partes (peso)

b — Extrato "Espinheiro"

Fórmula

Extrato de violeta	4 l
Extrato de laranja	4 l
Extrato de cássia	2 l
Extrato de jasmim	2 l
Extrato de rosas	2 l
Infusão de tonca	1 l
Infusão de baunilha	425 g
Infusão de Tolu	125 g
Infusão de almíscar	60 g

c — Extrato "Musselina"

Fórmula

Essência de junquilho	15 partes (volume)
Cedaroma	15 partes (volume)
Essência de rosa	15 partes (volume)
Essência de bergamota	10 partes (volume)
Essência de tuberosa	8 partes (volume)
Essência de verbena	8 partes (volume)
Essência de cássia	8 partes (volume)
Essência de mimosa	8 partes (volume)
Essência de acácia	6 partes (volume)
Essência de gerânio	6 partes (volume)
Essência de âmbar	5 partes (volume)
Essência de heliotrópio	3 partes (volume)
Essência de jacinto	1 parte (volume)
Solução de **musc** ambreta a 20%	60 partes (volume)
Solução de bálsamo do Peru	40 partes (volume)
Tintura de néroli	50 partes (volume)
Tintura de fava cumaru	30 partes (volume)
Tintura de civeta	5 partes (volume)
Álcool inodoro	320 partes (volume)

d — Extrato de resedá

Fórmula

Álcool a 33 ºC	2 l
Essência de resedá	1 l
Extrato de rosas	30 g
Tintura de âmbar	8 g
Tintura de Tolu	10 g

e — Extrato de violetas (comum)

Fórmula

Extrato de violetas	3 l
Álcool a 90º	6 l
Infusão de ambreta	1 l
Água de rosas	2 l

Perfumes ingleses — Os perfumes ingleses são preparados com essências escolhidas e bastante fortes. Seu processo de preparação é idêntico ao dos perfumes, vistos anteriormente, mas as essências são as usadas na elaboração dos extratos. Damos, a seguir, alguns tipos de perfumes ingleses, com suas respectivas fórmulas:

a — Perfume "White rose"

Fórmula

Essência de rosas	37 partes (volume)
Citronelol	21 partes (volume)
Formiato de citronelila	12 partes (volume)
Álcool feniletílico	18 partes (volume)
Acetato de geranila	6 partes (volume)
Acetato de benzila	3 partes (volume)
Acetato de linalila	3 partes (volume)
Essência de pau-rosa	3 partes (volume)
Essência de lírio	2 partes (volume)
Izoeugenol	2 partes (volume)
Ionona	2 partes (volume)
Solução de **musc** cetônico a 20%	30 partes (volume)

Solução de *musc* ambreta a 20%	30 partes (volume)
Solução de vanilina a 10%	50 partes (volume)
Tintura de benjoim	50 partes (volume)
Álcool inodoro	350 partes (volume)

b — Perfume "Excelsior"

Fórmula

Ionona	18 partes (volume)
Rodinol	12 partes (volume)
Essência de néroli	15 partes (volume)
Essência de acácia	8 partes (volume)
Essência de verbena	7 partes (volume)
Essência de lírio	7 partes (volume)
Linalol	6 partes (volume)
Essência de âmbar	5 partes (volume)
Essência de heliotrópio	4 partes (volume)
Izoeugenol	3 partes (volume)
Citral	3 partes (volume)
Essência de limão	2 partes (volume)
Solução de **musc** ambreta a 20%	50 partes (volume)
Tintura de cumaru	100 partes (volume)
Tintura de néroli	50 partes (volume)
Álcool inodoro	300 partes (volume)

c — Perfume "Louisiana Garden"

Fórmula

Extrato de laranja	2 partes (volume)
Extrato de tuberosa	2 partes (volume)
Extrato de jasmim	2 partes (volume)
Tintura de bálsamo do Peru	125 partes (volume)
Tintura de estórax	125 partes (volume)
Tintura de almíscar	30 partes (volume)
Tintura de âmbar	30 partes (volume)

Para este extrato, despejam-se os diversos líquidos num vaso e depois deste bem fechado, agita-se durante 5 ou 10 minutos; feito isto, é necessário que se exponha o vaso durante cerca de 8 dias a calor brando, agitando-se sempre, para que a mistura se faça com perfeição. Depois de filtrado, engarrafa-se.

d — Perfume "Metropolitan delight"

Fórmula

Extrato de essência **bouquet**	4 partes (volume)
Extrato de mel	6 partes (volume)
Água-de-colônia forte	1 parte (volume)
Infusão de íris	2 partes (volume)

CAPÍTULO XXIV

ÁGUAS-DE-COLÔNIA E LOÇÕES
PARA O CABELO

Para os líquidos compostos de álcool, como as águas-de-colônia, os extratos, etc., é necessário que o álcool empregado seja de finíssima qualidade, previamente filtrado, variando entre 90° e 95°. O álcool de baixa graduação como é óbvio, não só prejudica os diversos processos de manipulação, como produz artigos pouco recomendáveis. Esta é, pois, matéria que deve ser tratada com muito carinho por parte do fabricante.

Isto esclarece que, desejando o fabricante produzir uma água-de-colônia que se imponha no mercado, não deve usar, em hipótese nenhuma, álcool a menos de 50°. Esse álcool obtém-se assim: numa vasilha, coloque-se cerca de 25 litros de água destilada ou de chuva, previamente filtrada. Esta vasilha deve ser tapada hermeticamente, por meio de uma tampa de madeira ou cortiça. Numa panela esmaltada ou numa vasilha de porcelana nova, despeja-se 1 litro de água também destilada e leva-se ao fogo para ferver. Iniciada a fervura, juntam-se 10 gramas de bórax, agita-se bem a mistura e, depois de completamente fria, junta-se essa mistura aos 25 litros de água que apontamos acima, sempre devagar e procurando mexer com cuidado, para que se liguem intimamente. Conseguida esta operação sem incidente, juntam-se, na vasilha primeiramente mencionada, mexendo-se todo o conjunto com uma espátula, cerca de 25 litros de álcool a 95°, previamente filtrado. Depois desta operação, tapa-se e deixa-se em completo repouso, de preferência em lugar escuro, pelo espaço de três dias. Este álcool pode ser usado nas diferentes fórmulas, mas, antes, deve-se verificar se ele está com os 50° desejados.

Essa verificação pode ser feita da seguinte maneira: retira-se da vasilha 1 litro de álcool, coloca-se num vidro ou numa proveta de paredes altas, introduz-se nela o alcoolômetro ou medidor de álcool, deixando-se

137

este navegar livremente e verificando-se sua marcação; estando a graduação inferior a 50º, deve-se adicionar um pouco de álcool de 95º e, caso esteja ultrapassando os 50º, adicione-se um pouco de água destilada, tirando provas, sempre, até acertar com a graduação desejada. Para obter-se um álcool desodorado, livre daquele odor que lacrimeja os olhos quando ataca as narinas (que em química se chama "tufo"), deve-se, primeiramente, quando o álcool ainda está puro, despejar uns 50 litros dele numa vasilha de vidro ou de ferro esmaltado e, seguidamente, adicionar-lhe essência de salva (10 ou 12 gramas para cada 50 litros).

Água-de-colônia — A água-de-colônia comum é preparada segundo as fórmulas que iremos apresentar.

Fórmula 1

Álcool a 90º desodorado	21 l
Essência de jasmim (em líquido)	2 g
Essência de gerânio	22 g
Essência de rosas	3 g
Essência de bergamota	107 g
Essência de lavanda	22 g
Essência de limão	85 g
Essência de **petit-grain**	65 g
Essência de néroli	55 g

Misturadas as essências, deixa-se em maceração pelo espaço de 48 horas, após o que se juntam 2,3 litros de água destilada, mistura-se muito bem e filtra-se, colocando no filtro 5 gramas de benjoim em pó, que tem a propriedade de agir como bom fixador.

Fórmula 2

Álcool a 80º desodorado	30 l
Essência de bergamota	170 g
Essência de gerânio sobre rosas	17 g
Essência de limão	170 g
Benjoim de Sião (líquido)	15 g
Essência de **petit-grain**	85 g
Essência de lavanda	30 kg
Essência de néroli	85 g
Essência de Portugal	155 g
Essência de romero	15 g

Esta água-de-colônia, que é fina, também fica em maceração pelo espaço de 48 horas, depois de bem misturadas as essências; filtra-se, colocando, em 1 litro, seis gramas de benjoim em pó. Nesta fórmula não se usará água, porém o álcool será graduado em 80º com água destilada, como se explicou atrás.

Fórmula 3

Álcool a 90º desodorado	8 l
Nerolina	1 g
Essência de bergamota	50 g
Essência de romero retificada	50 g
Essência de limão	30 g
Essência de cravo-da-índia	10 g
Essência de sassafrás	8 g
Acetato de etila	50 g
Citronela de Java ou Ceilão	50 g
Éter sulfúrico (densidade 0,720)	50 g

Após a maceração, também de 48 horas, juntam-se 2 litros de água destilada, filtra-se e se acondiciona nos vidros.

Esta fórmula usa-se na preparação da água de colônia para banho, extra.

Nas fórmulas que daremos, a seguir, se empregará álcool rebaixado a 50º, que produz água-de-colônia de mais baixo preço, acessível a toda gente. As fórmulas que precederam são para produto de alta classe e elevado preço, destinadas a pessoas de posses ou de bom gosto, donde o emprego do álcool a 80 ou 90º desodorado.

Fórmula 4

Álcool a 50º	10 l
Essência de violetas	150 g
Sândalo do Oriente (santalol)	20 g

Após a mistura normal, deixa-se em maceração por 8 dias, findos os quais, se filtra.

Fórmula 5

Essência de narciso verde	150 g
Álcool a 50º	10 l
Sândalo do Oriente (santalol)	20 g

Procede-se como na fórmula 3.

Fórmula 6

Sândalo do Oriente (santalol) .... 50 g
Álcool a 50º .... 10 l
Essência de limão messina .... 50 g
Essência de rosa chá .... 25 g
Petit-grain .... 25 g

Procede-se como na fórmula 3.

Fórmula 7

Álcool a 50º .... 10 l
Sândalo do Oriente (santalol) .... 30 g
Essência de jasmim .... 150 g

Procede-se, também, como na fórmula 3.

Ter-se-á notado que, ao desejar o fabricante empregar outras essências para a fabricação de água-de-colônia, essas entrarão em dose de 15 por 1000, quer dizer, 15 gramas para cada litro de álcool a 50º, juntando o santalol como fixador (2 a 3 gramas por litro).

Loções para o cabelo — Muito usados hoje em dia, estes preparados destinam-se a amaciar, fixar ou embelezar os cabelos. Apresentam-se sob a forma de loções comuns ou quinados, óleos, brilhantinas, etc.

a — Loções comuns

Fórmula 1

Álcool a 90º .... 10 l
Óleo de rícino .... 250 g
Resorcina .... 250 g
Essência de rosas .... 40 g
Água-de-colônia fina .... 2 l

Mistura-se tudo, com exceção da essência de rosas e deixa-se em maceração por 24 horas; depois filtra-se, adicionando-se a essência de rosas e envasilha-se.

140

Fórmula 2

Álcool a 50°	10 l
Tintura de cantárida	150 g
Vanilina	10 g
Tanino (tintura)	50 g
Cloridrato de quinina	45 g
Água-de-colônia fina	200 g
Glicerina branca	700 g
Sândalo do Oriente (santalol)	50 g

Deixa-se em maceração por 8 dias e depois filtra-se e acondiciona-se em frascos.

b — Água de quina

Fórmula

Álcool a 90°	2 l
Água-de-colônia fina	200 g
Glicerina branca	500 g
Sulfato de quinina	15 g
Água de rosas	6 l

Mistura-se álcool com a água-de-colônia; dissolvido o sulfato de quinina nesses dois líquidos, juntam-se os outros compostos e, no final, um pouco de alcalina para colorir de ligeiro roxo claro. Filtra-se, se for necessário.

c — Óleo perfumado

Fórmula

Essência de pau-rosa	25 g
Vaselina líquida	5 l
Sândalo do Oriente (santalol)	25 g

Este preparado é artigo de combate. Dá-se a cor desejada, o suficiente para colorir de leve. Filtra-se se for necessário.

d — Brilhantina

Fórmula

Óleo de rícino (puro) .... 30 g
Cera branca de abelhas (refinada) .... 30 g
Vaselina branca em pasta .... 5 l

Juntam-se os três compostos em banho-maria e agita-se bem com uma pequena espátula de madeira; e, depois de bem fundidos, retira-se do fogo ainda quente, adiciondo-se, então, 5 gramas de heliotropina e 5 gramas de essência de rosas. Pode-se colorir ainda quando esteja quente. A cor pode ser verde clara, rosa clara ou amarelo clara. Como corante, deve-se empregar anilina solúvel em óleo, da cor desejada, operando-se do seguinte modo: em vidro branco munido de conta-gotas colocam-se 50 gramas de acetato de amila e 2 gramas de anilina desejada, agita-se bem e deixa-se em repouso por 24 horas. Após essas 24 horas, pode ser empregado o corante, fazendo gotejar na brilhantina quente e mexendo-se todo o conjunto até que se obtenha a tonalidade ideal. É preciso que isso seja feito com rapidez porque a brilhantina deve ser despejada nos potes ainda quente. Se, porém, antes disso ela se solidificar, faz-se voltar a brilhantina ao banho-maria para refundir de novo.

A brilhantina pode também ser incolor.

e — Fixador para cabelo

Fórmula

Monoestearato de polietilenoglicol 1000 .... 600 g
Monoestearato de polietilenoglicol .... 400 g
Diestearato de polietilenoglicol 1540 .... 200 g
Lanolina anidra .... 300 g
Terpinol .... 5 g
Propilenoglicol .... 550 g
Água destilada .... 19 kg
Essência de geraniol .... 80 g

Num recipiente de ferro esmaltado, de uns 35 litros de capacidade, onde estará adaptado um agitador com hélice de 0,12, 5 HP e 400 r.p.m., primeiramente se colocam e se fundem, a temperatura baixa, todos juntos, os produtos a, b, c, d. Depois, aumenta-se a temperatura até que o conjunto fundido chegue a aproximadamente 68 ºC. Comprovada esta temperatura com o termômetro, se adicionam, em seguida o produto "e", agitando um pouco com uma espátula de madeira.

Enquanto se realiza a operação anterior, vai-se aquecendo a água destilada, a 70 ºC, em outro recipiente de 30 litros. Uma vez atingida a temperatura indicada, adicionamos a água ao produto "f", agitando bem com a espátula para que se misture o melhor possível.

Feito isto, coloca-se em funcionamento o agitador dentro do recipiente de 35 litros que contém os produtos fundidos, previamente aquecidos a 68 ºC, e se adiciona aos poucos a totalidade da água, também aquecida a 70 ºC, onde já foi dissolvido o propilenoglicol. Continua-se agitando até que o conjunto, através de resfriamento lento, atinja 30 ºC. Neste momento, sem deixar de agitar, adicionamos o perfume, ou seja a essência de geraniol. Agora agitamos durante 10 minutos mais, passados os quais, se deixa repousar o produto, ou seja o fixador, durante umas 5 horas, e, uma vez transcorrido esse tempo, se procede a sua embalagem.

CAPÍTULO XXV

ÁGUAS AROMÁTICAS DE TOUCADOR

Estes preparados são em tudo semelhantes aos perfumes, porém bastante mais fracos, permitindo seu uso sobre a pele em geral, sem provocar irritação.

a - Água de jasmim

Fórmula

Acetato de benzila	45 cc
Essência de jasmim	15 cc
Tintura de jasmim	2 l
Tintura de rosa	1 l
Tintura de benjoim	250 cc
Água destilada	2 l
Álcool a 80°	2 l

Agita-se com energia esta mistura, deixa-se em repouso até o dia seguinte e depois filtra-se.

b - Água de resedá

Fórmula

Álcool a 33°	2 l
Extrato de resedá	1 l
Extrato de rosas	30 g
Tintura de âmbar	88 g
Tintura de Tolu	16 g

Agita-se violentamente a mistura e deixa-se em repouso por 24 horas, após o que se filtra convenientemente.

c - Água de violetas

Fórmula

Álcool	2 l
Extrato de violetas	1 l
Extrato de cássia	1/2 l
Água espirituosa de rosas	1/2 l
Tintura de âmbar	5 g

Agita-se e deixa-se em maceração até o dia seguinte, após o que se filtra.

d - Água de heliotrópio

Fórmula

Água espirituosa de rosas	20 partes (peso)
Água espirituosa de jasmim	20 partes (peso)
Água espirituosa de tuberosa	20 partes (peso)
Tintura de baunilha	10 partes (peso)
Tintura de bálsamo do Peru	5 partes (peso)
Tintura de âmbar	2 partes (peso)

Deixa-se algumas horas em contato e depois filtra-se.

e - Água de baunilha

Fórmula

Vanilina	15 g
Tintura de baunilha	2 l
Tintura de benjoim	1 l
Tintura de rosa	500 cc
Água destilada	1500 cc
Álcool a 80°	2500 cc

Mistura-se, deixa-se em repouso e filtra-se.

f - Água de Chipre

Fórmula

Álcool do Norte a 90°	50 l
Essência de bergamota	2 kg
Essência de Portugal	1 kg
Infusão de Tolu	1 l

Soca-se tudo e deixa-se em infusão pelo espaço de 3 dias.

g - Água de Pradal (para a pele)

Fórmula

Essência (extrato "Bouquet")	10 l
Água	3 1/2 l
Pau de canforeiro	1 kg

Deixa-se em infusão, pelo espaço de 24 horas, num alambique, em calor muito brando e destila-se, com o que se obtêm 10 litros do produto. Esta água substitui, com vantagem, toda e qualquer água espirituosa e contém propriedades muito favoráveis para a pele. Proporciona seu uso sensação agradável e é muito eficaz para tirar o vermelhidão que produz a navalha ou lâmina de barba.

h - Água Flórida

Fórmula

Álcool de 90°	10 l
Essência de limão	25 g
Essência de Portugal	25 g
Essência de altazema	50 g
Essência de cravo	50 g
Essência de canela	3 g
Coupage	4 g

Esta água, que denominamos Flórida, serve tão bem quanto qualquer água-de-colônia.

i - Água de mel odorífera

Fórmula

Álcool a 90°	210 partes (peso)
Mel de Narbona	100 partes (peso)
Coentro	100 partes (peso)
Raspas frescas de limão	6 partes (peso)
Cravo	5 partes (peso)
Moscada	6 partes (peso)
Benjoim	6 partes (peso)
Estórax calamite	6 partes (peso)
Água de rosas	25 partes (peso)
Água de flores de laranjeira	25 partes (peso)

Mistura-se tudo e deixa-se em repouso durante alguns dias, após o que se filtra e engarrafa.

j - Água de almíscar das Índias

Fórmula

Álcool de vinho (retificado)	2 l
Álcool de ambreta	1 l
Bálsamo de Tolu	60 g
Tintura de baunilha	30 g
Essência de almíscar	30 g
Essência de âmbar	8 g
Água de rosas	q. b.

Após a mistura e o repouso necessário, procede-se como nos demais casos.

Pelas fórmulas que aqui deixamos, poderá o fabricante ir-se guiando, no que diz respeito a proporções, a fim de que crie suas próprias fórmulas e dê expansão à sua iniciativa. Em seu laboratório e de posse das matérias-primas exigidas, não é difícil conseguir-se grande progresso. Basta que se muna, além dos petrechos necessários, de legítimo e produtivo entusiasmo.

CAPÍTULO XXVI

COSMÉTICOS

Pós cosméticos — Estes preparados, atualmente com grande consumo em todo o mundo, destinam-se apenas a embelezar a cútis.

a — Pó vermelho — Esta fórmula é de Cambon e destina-se a fazer desaparecer manchas vermelhas e dartros farináceos. Nas instruções que se juntarem ao invólucro pode-se dizer que se faz uso dele, amarrando-se na ponta de um lenço e embebendo-se na água e, em seguida, aplicando-se à pele, na região desejada.

Fórmula

Alúmen	50 partes (peso)
Açúcar refinado	3 partes (peso)
Goma-arábica fina	3 partes (peso)
Laca carminada	3 partes (peso)

Mistura-se e reduz-se a pó finíssimo que é metido em seguida em caixinhas.

b — Pó Serkis do Serralho — Esta fórmula é de Dissey e Piver. Deve-se fazer em separado em uma terrina envernizada uma mistura das essências e corpos graxos, despejar-se por cima a tonalidade dos pós por partes pequenas, pisar-se tudo muito bem e passar-se na peneira, colorindo-se com 45 gramas de cochonilha em pó muito fina para cada quilo e meio de composição.

Fórmula

Amêndoas doces em pó finíssimo	1000 g
Farinha de centeio	600 g
Óleo de jasmim	50 g

Óleo de flores de laranjeira	50
Óleo de rosas	50 g
Bálsamo negro do Peru	40 g
Essência de rosas	65 cg
Essência de canela fina	65 cg

Depois de tudo bem misturado, passa-se na peneira.

c — Pó Oriental

Fórmula

Amêndoas doces em pó finíssimo	1000 g
Farinha de arroz	125 g
Íris de Florença	125 g
Benjoim	125 g
Espermacete	12 g
Tartarato de potássio	12 g
Óleo volátil de alfazema	30 gotas
Óleo volátil de pau Rodes	30 gotas
Óleo volátil de cravo	30 gotas

Mistura-se e peneira-se, operando de forma idêntica às anteriores.

Pó de arroz — Hoje em dia não mais se tira do arroz o pó que, no entanto, conserva seu nome, mas sim, emprega-se o talco de Veneza que produz resultado idêntico e é mais econômico. O verdadeiro pó de arroz que os antigos usavam depois de muito bem refinado e perfumado, resulta hoje muito caro. Vamos ver algumas fórmulas para a obtenção desse produto.

a — Pó de arroz "ideal" (rosas)

Fórmula

Talco de Veneza	200 partes (peso)
Essência idela	15 partes (peso)
Essência rosa	10 partes (peso)
Carmim em pó	2 partes (peso)
Álcool puro	20 partes (peso)

Dissolvendo-se o carmim numa pequena quantidade de álcool, vai-se colocando sobre o pó de talco e agitando energicamente com uma espátula para adquirir o mesmo uma cor rosa; passa-se, em seguida, por peneira fina para que a cor fique ainda mais uniforme. Num outro recipiente de vidro se colocam as essências e o restante do álcool, agitam-se muito bem para que fiquem intimamente ligados e vai-se juntando pouco a pouco o pó, como se fez com o corante. Feito isto, passa-se novamente pela peneira e guarda-se em frascos de rolha esmerilhada. Em caixas, vai o produto para o mercado.

Esse pó deve apresentar uma cor rosa, mais ou menos pronunciada, de acordo com o que se deseja obter. Para esta fabricação, se empregam, em vez de peneiras antiquadas, peneiras mecânicas, que são de grande produção e transmitem ao produto uma cor uniforme.

b — Pó de arroz violeta (branco)

Fórmula

Talco de Veneza	40 partes (peso)
Essência de violetas	3 partes (peso)
Essência de gerânio	1 partes (peso)
Álcool puro	4 partes (peso)

Primeiramente, deve-se juntar o álcool à essência, agitando bem e ir-se colocando, pouco a pouco, no talco, tendo cuidado de mexer continuamente para que fique tudo muito bem ligado; em seguida, passa-se pela peneira, como indicamos na fórmula anterior.

Através desse processo, pode-se obter pó de arroz com outro perfume qualquer.

c — Talco perfumado

Obtém-se um excelente talco perfumado à partir da fórmula abaixo.

Fórmula

Talco	420 g
Caolin	50 g
Carbonato de magnésio	25 g
Aromatizante	2 ml

d — Pó facial

Fórmula

Talco	325 g
Estearato de magnésio	24 g
Carbonato de magnésio	45 g
Óxido de zinco	35 g
Caolin	75 g
Aromatizante	1 ml

Cosméticos líquidos em creme, etc. — Estes são preparados que se destinam não só a amaciar mas também a embelezar a cútis, ou os lábios.

a — Pomada de manteiga de cacau

Fórmula de Lange

Manteiga de cacau muito bem refinada	500 g
Cera virgem	250 g
Espermacete	250 g
Azeite doce, perfumado, com essência de rosas	1000 g
Flores de benjoim	1 g
Vermelhão	1 pitada

Fundem-se a cera, o espermacete e a manteiga com óleo a fogo brando e depois despeja-se tudo no almofariz. Quando principia a solidificar-se, juntam-se, pouco a pouco, 4 quilos de água na qual se dissolve a flor de benjoim e não se pára de mexer até que as matérias estejam bem incorporadas. Nessa ocasião, coloca-se o vermelhão, continuando-se a mexer, para que a tinta se espalhe de modo uniforme. O emprego do vermelhão deve cercar-se de muito cuidado, visto ser ele sulfeto de mercúrio.

b — Creme de Catay

Fórmula

Terebintina de Meca	15 partes (peso)
Óleo de amêndoas doces	125 partes (peso)
Espermacete	8 partes (peso)

Flor de zinco	**4 partes (peso)**
Cera branca	**8 partes (peso)**
Água de rosas	**24 partes (peso)**

Misturadas as substâncias, são elas submetidas a banho-maria. Esta fórmula, de J.M. Farina, segundo seu autor, é muito eficaz na destruição de rugas produzidas pela secura. Deve-se ter muito cuidado, no entanto, com o emprego do óxido de zinco.

c — "Cold-cream"
Fórmula 1

Espermacete	**20 partes (peso)**
Cera branca	**20 partes (peso)**
Óleo de amêndoas	**300 partes (peso)**

Leva-se a banho-maria, para fundir. Despeja-se no almofariz, aquecido pela água quente e bate-se energicamente; depois, juntam-se 100 partes (peso) de água de rosas, 1 parte (peso) de essência de rosas e algumas gotas de lixívia de potassa.

Fórmula 2

Gordura branca refinada	**100 partes (peso)**
Espermacete	**100 partes (peso)**
Óleo de dormideiras	**100 partes (peso)**
Essência de rosas	**1/4 parte (peso)**

Esse 1/4 de parte (peso) de essência de rosas pode ser substituído por 1 parte (peso) de essência de gerânio.

Faz-se a fusão da banha e do espermacete e, depois, junta-se o óleo; quando esfria, leva-se ao almofariz, introduzindo-se, pouco a pouco, 150 partes (peso) de água de rosas, juntando-se, em seguida, a essência.

Fórmula 3

Óleo de amêndoas	**250 partes (peso)**
Água de rosas	**250 partes (peso)**
Cera branca	**15 partes (peso)**
Essência de rosas	**1 parte (peso)**
Espermacete	**15 partes (peso)**

Funde-se a cera e o espermacete no óleo e, em seguida, mistura-se a água de rosas; finalmente, perfuma-se com a essência.

d — Creme Neve

Fórmula

Espermacete .... 10 g
Óleo fresco de amêndoas .... 35 g
Cera virgem .... 6 g

Depois de derretido em banho-maria, despeja-se no almofariz; agita-se então vivamente com uma espátula de marfim ou osso, de modo a conseguir perfeita ligação e evitar que se formem caroços; estando a massa suficientemente congelada, tritura-se e bate-se em todos os sentidos, durante 20 minutos, procurando-se esmagar com a espátula as partes que não estejam desmanchadas e, depois, junta-se sempre triturando: 3 gramas de água de rosas dupla e 3 gramas de glicerina branca inodora. Bate-se para incorporar bem, durante alguns minutos; junta-se 1 gota de verdadeira essência de rosas e torna-se a bater durante cerca de 35 minutos.

e — Leite de rosas

Fórmula

Espermacete .... 3 g
Sabão branco em pedaços .... 3 g
Cera virgem .... 3 g

Funde-se tudo em banho-maria, em uma vasilha de barro, a fogo brando; soque-se em um almofariz, o seguinte: 50 gramas de amêndoas doces e 6 gramas de amêndoas amargas. Tira-se do almofariz 3/4 das amêndoas e no 1/4 restante despeja-se a mistura bem derretida e continua-se a socar. Incorpora-se depois os 3/4 das amêndoas, pouco a pouco, socando sempre, até que desapareça todo e qualquer vestígio de amêndoas. Misture-se, então, em uma garrafa de vidro branco: 200 ml de água destilada, 500 ml de água de rosas. Despeje-se esta segunda mistura sobre a primeira, devagar, mexendo-se; reserve-se 50 ml da mistura líquida e depois filtra-se o leite, colocando-se a borra de parte. Posta no almofariz esta borra, quando se despejou o leite, dissolva-se com os 50 ml posto de parte, e filtra-se para reunir logo ao leite.

Sempre filtrando agita-se com uma espátula para facilitar a passagem e, se o leite parecer que quer decompor-se, agita-se a garrafa com força. Pode-se juntar 0,4 g de essência de rosas para aumentar o perfume do produto.

f — Leite virginal

Fórmula

Benjoim	250 g
Junça	325 g
Estórax em pães	250 g
Cravo	30 g
Canela	60 g
Noz-moscada	2 g
Almíscar	4 g
Semente de ambreta	60 g
Calamus	60 g
Âmbar	4 g

Pisados os componentes, são estes passados em uma peneira grossa de crina. Põem-se de infusão em 2 litros de aguardente, durante um mês pelo menos, exposto ao sol ou em uma estufa, mexendo-se a infusão de vez em quando, e cuidando-se que a garrafa não fique muito cheia, a fim de que não arrebente.

g — Leite de pepinos — O processo para a elaboração deste leite é idêntico ao do leite de rosas, com exceção da água de rosas que será substituída por suco de pepinos.

h — Leite de flor de laranjeira

Fórmula

Tintura de benjoim	12 g
Água de flores de laranjeira	125 g
Néroli	4 gotas

A preparação é normal.

i — Pomada rosada para os lábios

Fórmula 2

Cera branca	60 g
Óleo de amêndoas doces	125 g
Orcaneta em pó	12 g

Juntam-se 12 gotas de óleo de rosa.

j — Pomada branca para os lábios

Fórmula

Raiz de íris	30 partes (peso)
Calamus aromático	15 partes (peso)
Benjoim	15 partes (peso)
Pau-rosa	8 partes (peso)
Cravo	8 partes (peso)

Depois de tudo ser devidamente pisado em pano, faz-se cozinhar em 1250 partes (peso) de banha; juntam-se 125 partes (peso) de água de rosas e 60 partes (peso) de água de flores de laranjeira.

Em seguida a uma leve cozedura, filtra-se e deixa-se esfriar.

k — Pomada para os lábios — Esta pomada é indicada para as rachaduras que se produzem nos lábios, seja pelo frio ou por outro motivo. O processo para sua elaboração é o normal.

Fórmula

Óxido de zinco	2 partes (peso)
Pó de licopódio	2 partes (peso)
Pomada rosada	15 partes (peso)

É de conveniência notar que, apesar de boa, não se deve abusar do uso desta pomada.

l — Corante para os lábios (líquido)

Fórmula

Água de Azara (arbusto do Peru) .... 300 g
Glicerina .... 375 g
Açúcar refinado .... 150 g
Carbonato de sódio puríssimo .... 15 g
Fuoruro amoníaco .... 3 g
Água destilada .... 3750 cc

Reúnem-se todos os ingredientes em uma vasilha de vidro e agitase para que resulte uma mistura uniforme; põe-se em repouso durante 1 ou 2 horas e depois junta-se o corante escolhido. Este deve ser das anilinas usadas nas fábricas de doces e de licores, de finíssima qualidade, inofensivo à saúde e que não deixa resíduo.

Aprovada a sua cor e qualidade, filtra-se em algodão. Pode-se envasilhar em pequenos vidros acompanhados de pinceizinhos apropriados. Este artigo deve ser de apresentação muito distinta.

m — Corante para os lábios (em forma de lápis)

Fórmula

Carbonato de sódio muito puro .... 48 g
Eosina .... 18 g
Espermacete .... 160 g
Vaselina (de muito boa qualidade) .... 3500 g
Anolina hidratada .... 1500 g
Estearina .... 930 g
Anilina solúvel em óleo .... q.b.

Põem-se todos estes componentes em uma vasilha esmaltada e leva-se ao fogo, moderado, ou, melhor ainda, em banho-maria, para que se fundam, mexendo-se sempre o conjunto para transformá-lo numa massa igual. Quando tudo estiver dissolvido e bem misturado, retira-se do fogo, deixa-se abrandar um pouco a temperatura da mistura e, então, pode-se despejar nas formas ou moldes para lápis, dos quais só se retirará depois de totalmente frio.

Se o molde não for formado de várias peças para abrir, resultando ficar o lápis nele colado, mergulha-se o molde com o conteúdo num pouco de água quente, para facilitar sua saída.

CAPÍTULO XXVII

VINAGRES DE TOUCADOR E "SACHETS"

Vinagres de toucador — Os vinagres de toucador são fabricados por infusão, por destilação ou por solução. O segundo processo é preferível, porque o clarifica e lhe dá mais força.

Vinagres por infusão — Os vinagres, qualquer que seja a forma adotada, dividem-se em vinagres de flores e vinagres aromáticos.

a — Vinagre de sinfar

Fórmula

Álcool a 85°	8 l
Vinagre branco de Orléans	2 l
Água-de-colônia	0,5 l
Extrato de benjoim	60 g
Extrato de estórax	60 g
Vinagre puro	125 g
Essência de alfazema	45 g
Essência de canela	4 g
Essência de cravo	4 g

Misturam-se o álcool, a alfazema, a canela e o cravo e deixa-se macerar durante oito dias, mexendo-se de vez em quando. Juntam-se então os vinagres, a água-de-colônia, os extratos e o álcali; dá-se cor com orcelha e passa-se no papel-filtro.

b — Vinagre rosado

Fórmula

Folhas de rosas vermelhas	1 parte (peso)
Vinagre bom, branco ou vermelho	16 partes (peso)

Deixando-se em maceração, por 15 dias, em vaso fechado, é necessário que se agite de vez em quando. Depois de filtrado, deixa-se em frascos muito bem arrolhados.

c — Vinagre de flores de laranjeira

Fórmula

Flores de laranjeira frescas	3 partes (peso)
Vinagre destilado	80 partes (peso)
Álcool de flores de laranjeira	10 partes (peso)

Em vaso fechado, deixa-se em maceração, por seis dias. Depois filtra-se.

d — Vinagre de cravo vermelho

Fórmula

Cravo em ratafia	1 parte (peso)
Vinagre branco, bom	12 partes (peso)

Fica em infusão durante seis dias, em vaso fechado, após o que se filtra e conserva.

e — Vinagre de salva

Fórmula

Flores de salva frescas	1 parte (peso)
Vinagre branco, bom	12 partes (peso)

As observações são as mesmas da receita anterior.

Vinagre por destilação

Fórmula geral

Folhas secas e pálidas de rosa	1 parte (peso)
Vinagre destilado	4 partes (peso)
Álcool de rosas	1 parte (peso)

Destilam-se as rosas com o vinagre em banho de areia; quando 3/4 do líquido se tiver reduzido, detém-se a dissolução para que não se queimem as flores. Colore-se o álcool com um pouco de cochonilha, a fim de lhe dar a cor-de-rosa e junta-se este álcool ao vinagre que se conserva em frascos arrolhados a esmeril. Na destilação deste vinagre se empregam cucúrbitas de barro ou vidro para poupar-se os alambiques de cobre. Pode-se também fazer uso de cucúrbitas de cobre para os vinagres de toucador. É necessário, para que se evapore o odor de álcool, lavar muito bem o alambique e expô-lo ao ar livre, logo que se tenha realizado a destilação.

a — Vinagre de alecrim

Fórmula

Vinagre natural	6 l
Flores de alecrim, recentes	200 g

Destila-se tudo e retiram-se 3 litros.

Em vez de alecrim pode-se usar mangerona, absinto, angélica, malva, etc. seguindo-se o mesmo processo que se seguiu com o vinagre de alecrim.

b — Vinagre de cravo

Fórmula

Cravo	37 partes (peso)
Vinagre de madeira	200 partes (peso)
Álcool a 90 ºC	800 partes (peso)

Pisa-se o cravo e põe-se de infusão durante 8 dias no álcool; depois junta-se o vinagre e destila-se em uma retorta de vidro em banho de areia.

c — Vinagre de canela

Fórmula

Canela da China	1 parte (peso)
Álcool a 90 ºC	4 partes (peso)
Vinagre de madeira	76 partes (peso)

Destila-se, como no vinagre de cravo.

Vinagre por solução — É possível também obter-se vinagres por solução, como veremos com estas receitas:

a — Vinagre virginal

Fórmula

Benjoim em pó	6 partes (peso)
Álcool	25 partes (peso)
Vinagre branco	100 partes (peso)

Faz-se diluir o álcool sobre o benjoim durante 6 dias, escorre-se e depois junta-se o vinagre sobre o resíduo. Depois de 6 dias de infusão, decanta-se o vinagre, junta-se à tintura de benjoim e filtra-se no dia subseqüente.

b — Vinagre de gerânio

Fórmula

Álcool a 58 ºC	2 l
Essência de gerânio	30 g
Tintura de benjoim	5 g
Vinagre de madeira	100 g

Mistura-se, deixa-se em maceração por 48 horas, após o que se filtra convenientemente.

c — Vinagre oriental

Fórmula

Alfazema branca	20 l
Essência de limão	8000 g
Essência de verbena	2500 g
Essência de benjoim	1 l

Fica em infusão por 30 dias; passado esse tempo, tomam-se 15 litros do líquido e 2 de ácido acético, colorindo-se de verde e filtrando-se. O verde colorido com ácido muriático também colore perfeitamente.

Sachets — Os **sachets** ou almofadinhas perfumadas, são compostos de uma pasta de algodão em rama, na qual se encerram os pós odoríferos. Estas pastas se cobrem com tafetá, cetim ou seda, de todas as cores e até mesmo com papel.

a — "Sachet" de violeta

Fórmula

Lírio florentino em pó	40 partes (peso)
Cravo em pó	36 partes (peso)
Raiz de violeta em pó	40 partes (peso)
Pétalas de rosas secas	24 partes (peso)
Vanilina	1 parte (peso)

Misturam-se intimamente, aromatiza-se com 2 cm^3 de ionona e enchem-se os saquinhos.

b — "Sachet" de baunilha

Fórmula

Baunilha cortada em pedaços	125 partes (peso)
Estórax em pães	125 partes (peso)
Cravo	8 partes (peso)
Benjoim em lágrimas	125 partes (peso)
Almíscar	2 partes (peso)
Pau de Rodes	125 partes (peso)

Peneira-se. Se houver dificuldade em passar, junte-se um tanto de amido bem seco.

c — "Sachet" das graças

Fórmula

Raiz de íris	37 partes (peso)
Flores de laranjeira, secas	6 partes (peso)
Flores de rosas, secas	37 partes (peso)

Cascas de bergamota	37 partes (peso)
Cascas de laranja	37 partes (peso)
Cascas de estórax	12 partes (peso)

Depois de bem socadas as substâncias, passa-se tudo pela peneira e enchem-se, com estes pós, **sachets** de tafetá.

d — "Sachet" primaveril — Juntam-se pétalas de rosa, cravo, jacinto, flor de alfazema, folhas de bálsamo e algumas de marroio branco. Põem-se a secar à sombra; quando estiverem bem secas, pulveriza-se nelas pó de cravo, moscado, e encerra-se em almofadinhas de tafetá.

CAPÍTULO XXVIII

DENTIFRÍCIOS

Pós dentifrícios — Duas condições se requerem para obtenção de um bom pó dentifrício. São elas:

1.ª — Que não contenha nenhum corpo duro capaz de deteriorar o esmalte dos dentes e nem tampouco ácido algum;

2.ª — Que seja composto de substâncias tônicas absorventes e apropriadas para polir o esmalte sem estragá-lo.

Isto esclarece que um pó dentifrício deve ser, não só bem feito, como deve também possuir ótima qualidade, considerando o uso a que se destina. Existem vários tipos de pós dentifrícios, sendo os mais importantes os que, a seguir, veremos:

a — Pó dentifrício de Delestre

Fórmula

Magnésia inglesa	12 g
Quinina parda	12 g
Pó de ratânia	2 g
Pó de tabaco	2 g
Pó de píretro	65 cg
Pó de alúmen calcinado	65 cg
Sebo espumoso	25 cg

Este pó denomina-se de Delestre. Porfirize-se, peneire-se e aromatize-se com hortelã-pimenta.

b — Pó dentifrício de Mialhe

Fórmula

Lactose pulverizada	200 partes (peso)
Tanino puro	3 partes (peso)
Laca carminada	2 partes (peso)
Essência de hortelã inglesa	4 partes (peso)
Essência de anis	4 partes (peso)
Essência de flores de laranjeira	2 partes (peso)

Misturam-se segundo as regras.

c — Pó dentifrício de carvão

Fórmula

Pó de carvão porfirizado	250 partes (peso)
Pó impalpável de quina parda	15 partes (peso)
Carbonato de magnésio	4 partes (peso)

Mistura-se bem e se aromatiza com hortelã-pimenta, limão, cravo ou qualquer outra essência que se desejar. Este pó deve levar a recomendação de que é um dos melhores de que se pode fazer uso.

d — Pó dentifrício suave

Fórmula

Pó absorvente	27 partes (peso)
Íris de Florença	12 partes (peso)
Laca	8 partes (peso)
Creme de tártaro	6 partes (peso)

Misturam-se os ingredientes segundo as regras.

e — Pó dentifrício de Piesse e Lubin

Fórmula

Giz precipitado	500 partes (peso)
Íris em pó	500 partes (peso)
Carmim	1 parte (peso)

Açúcar em pó finíssimo	1 parte (peso)
Essência de rosas	4 partes (peso)
Essência de flores de laranjeira	4 partes (peso)

f — Pó dentifrício americano

Fórmula

Coral vermelho	250 partes (peso)
Ossos de ciba	250 partes (peso)
Sangue de drago	250 partes (peso)
Sândalo vermelho	125 partes (peso)
Alúmen calcinado	125 partes (peso)
Raiz de íris	250 partes (peso)
Cravo	15 partes (peso)
Canela	15 partes (peso)
Baunilha	8 partes (peso)
Pau de Rodes	15 partes (peso)
Laca carminada	250 partes (peso)
Carmim	8 partes (peso)

Depois de tudo muito bem reduzido no almofariz, passar numa peneira bem fina.

Dentifrícios líquidos — Estes preparados elaboram-se segundo as receitas que veremos abaixo.

Fórmula 1

Álcool de 70°	3 l
Cravo-da-índia grosseiro, triturado	40 g
Canela de Ceilão grosseira, triturada	70 g
Raiz de lírio grosseira, triturada	140 g
Tanino grosseiro, triturado	10 g
Cochonilha grosseira, triturada	10 g
Anis estrelado grosseiro, triturado	70 g
Essência sintética de rosas	5 g
Essência sintética de néroli	5 g
Cumarina	1 g

Misturam-se os ingredientes num recipiente com o álcool e deixa-se em maceração pelo espaço de 5 dias. Filtra-se, em seguida, num pano de preferência bem encorpado. Deixa-se em repouso mais 2 horas, após o que se filtra.

Fórmula 2

Salol	60 g
Sacarina refinada	1 g
Tintura de sândalo	150 g
Água destilada	400 cc
Álcool a 80°	2500 cc
Essência de menta	15 g
Essência de cravo	2 g

A manipulação é idêntica à anterior. Como modo de se usar, cada copo de água receberá 30 gotas deste líquido dentifrício.

Dentifrícios em pasta (pasta para dentes) — Os dentifrícios em pasta ou pastas para dentes, como comumente são conhecidos, que se destinam à higiene e conservação dos dentes são preparados com as receitas que, a seguir, apresentamos:

Fórmula 1

Carbonato de cálcio precipitado	1950 partes (peso)
Carbonato de magnésio	750 partes (peso)
Caulim	300 partes (peso)
Sacarina refinada em pó	2 partes (peso)
Mentol cristalizado	5 partes (peso)
Heliotropina em pó	5 partes (peso)
Mel de abelhas, branco	1500 partes (peso)
Glicerina	1500 partes (peso)
Essência de anis	30 partes (peso)
Essência de gerânio	3 partes (peso)
Essência de hortelã-pimenta	50 partes (peso)

Deve-se misturar todas as essências com o caulim, de maneira a obter-se um pó regular. Em seguida, juntam-se os carbonatos e passa-se esse pó por uma peneira M/50. Dissolve-se o mel e a glicerina a fogo lento e, quando estiver fria, lança-se o mel pouco a pouco sobre o pó, misturando-se de maneira a obter-se uma pasta uniforme e bem ligada. O produto desta fórmula é de primeira qualidade, podendo ser colocado nas bisnagas com as máquinas apropriadas, logo em seguida. Não possuindo o fabricante as máquinas para colocar a pasta nas bisnagas, poderá lançar mão de seringas de vido com aparatos apropriados. Esta fórmula 1 é para pasta de dentes, de qualidade extra-fina.

Fórmula 2

Carbonato de cálcio em pó impalpável	3 kg
Carbonato de magnésio	500 g
Sabão branco em pó, muito fino	1 kg
Glicerina pura	4 kg
Perborato de soda	40 g
Mentol	10 g
Anetol	40 g
Essência de hortelã-pimenta	50 g
Essência de lavanda	20 g

Em primeiro lugar, passa-se, também por uma peneira M/50, todos os pós, fazendo-se o maior esforço para que fiquem uniformemente misturados. Depois, coloca-se o pó no batedor, juntam-se os demais ingredientes e batem-se com energia até que se consiga uma perfeita emulsão pastosa, branca, de cheiro e paladar agradáveis. Se o creme dentifrício sair muito duro, corrige-se esse defeito adicionando-se glicerina ou então um pouco de água destilada; se, pelo contrário, sair muito fluído, junta-se um pouco de carbonato de magnésia.

Em qualquer fórmula de dentifrício, em líquido ou em pasta, é lícito a substituição das essências por outras que mais agradarem, bem assim poderão elas entrar depois de já pronta a pasta; porém, neste último caso, segundo a eficiência da essência, poderá ela ser adicionada na base de 5 a 10 gramas para cada quilo de pasta que se deseja obter.

Fórmula 3

Fosfato monoácido de amônio	5 g
Uréia em pó	2 g
Goma adragante	1 g
Caulim lavado finíssimo	45 g
Carbonato de cálcio precipitado	50 g
Mentol	0,5 g
Glicerina oficinal	q.s.p.
Essência de hortelã	3 g

CAPÍTULO XXIX

TABELAS

Tabela 1 — Densidade das lixívias e sua equivalência em graus Beaumé.

Densidade	Graus Beaumé	Densidade	Graus Beaumé
1,000	0	1,147	19
1,007	1	1,157	20
1,014	2	1,160	21
1,020	3	1,176	22
1,028	4	1,185	23
1,034	5	1,195	24
1,041	6	1,205	25
1,049	7	1,215	26
1,057	8	1,225	27
1,064	9	1,235	28
1,073	10	1,245	29
1,080	11	1,256	30
1,088	12	1,312	35
1,096	13	1,375	40
1,104	14	—	—
1,113	15	—	—
1,121	16	—	—
1,130	17	—	—
1,138	18	—	—

Tabela 2 — Densidade das lixívias de potassa cáustica e correspondentes quantidades de gorduras que saponificam.

Densidade	Graus Beaumé	Percentagem de potassa cáustica	50 litros podem saponificar quilos de gordura
1,0050	1	1,556	1,8
1,0153	2	1,697	5
1,0260	3	2,829	9
1,0269	5	3,961	12,5
1,0478	6	5,022	16
1,0589	7	5,114	20
1,0703	10	7,355	24
1,0819	11	8,437	28
1,0938	12	9,619	32
1,1059	14	10,750	36
1,1182	15	11,822	40
1,1308	17	13,013	48,5
1,1437	18	14,145	49,5
1,1568	19	15,277	53,5
1,1702	21	16,408	58
1,2122	25	19,803	72,5
1,2493	28	22,632	85,5
1,2966	33	26,027	102,5
1,2300	36	28,290	114
1,2058	24,5	13,901	77,50
1,2678	25	14,506	81,85
1,2280	26	15,110	86,15
1,2392	27	15,714	90,60
1,2053	28	16,319	93,75
1,2515	28,5	16,923	94,65
1,2578	29	17,518	107,71
1,2642	30	18,132	115,45
1,2775	30,5	18,730	115,70
1,2780	31	19,341	120,10
1,2893	31,6	19,945	125,50
1,2912	32,4	20,550	129
1,2982	33	21,154	133,55
1,3013	33,5	21,758	139,15
1,3273	35	22,967	152,15
1,3586	38	25,385	171,80
1,3923	40,5	27,802	192,50

Tabela 3 — Quantidades de soda (Na₂O) e sua proporção, numa lixívia cáustica, necessárias à saponificação de quantidades correspondentes de corpos graxos.

Peso específico	Graus Beaumé	Percentagem Na_2O	Quantidade de corpos graxos misturados que podem ser saponificados por 100 partes de lixívia
1,05	6	3,626	33
1,0587	7	4,231	39
1,0675	9	4,835	44
1,0764	10	5,44	50
1,0855	11	6,044	55
1,0948	12	6,648	61
1,1042	13,5	7,253	66
1,1137	15	7,857	72
1,1233	16	8,462	78
1,133	17	9,066	83
1,1428	18	9,67	89
1,1528	19	10,275	95
1,163	20	10,879	100
1,1734	21	11,484	105
1,1841	22	12,088	111
1,1948	23	12,692	117
1,2058	24,5	13,297	122
1,2178	25	13,901	128
1,228	26	14,506	134
1,2392	27	15,11	139
1,2453	28	17,714	145
1,2515	28,5	16,319	151
1,2578	29	16,923	156
1,2642	30	17,518	162
1,2708	30,5	18,132	167
1,2775	31	18,73	173
1,2843	31,6	19,341	179
1,2912	32,4	19,945	184
1,2982	33	20,55	190
1,3053	33,5	21,254	195
1,3125	34	21,758	201
1,3143	34,2	21,894	202
1,3198	34,5	22,363	206
1,3273	35	22,967	212
1,3349	36	23,572	217
1,3426	36,7	24,176	224
1,3505	38	24,78	229

NOTA — Como se vê, a proporção de soda cáustica, necessária para a saponificação das matérias graxas, corresponde à quantidade em peso das mesmas (estearina, oleína e palmitina). A tabela acima, calculada por Taunermann, o demonstra claramente. As quantidades nela indicadas supõem o emprego de um álcali quimicamente puro.

As impurezas mais comuns das lixívias são o cloreto de sódio, o carbonato de sódio e o sulfato de sódio. Sua presença manifesta-se por uma redução do poder saponificador que, na tabela, é indicado para um peso específico determinado.

Tabela 4 — Proporção de hidróxido de sódio contido nas lixívias preparadas com soda cáustica comercial.

GRAUS DE SODA CÁUSTICA

Peso específico	Graus Beaumé	77,5º	76º	74º	72º	70º	60º	Graus Twaddel
				NaOH p. 100				
1,075	10	6,55	6,42	6,25	6,08	5,91	5,06	15,0
1,083	11	7,31	7,17	6,98	6,79	6,60	5,66	15,6
1,091	12	8,00	7,83	7,63	7,43	7,22	6,19	18,2
1,100	13	8,68	8,51	8,29	8,06	7,84	6,79	20,0
1,108	14	9,42	9,24	8,99	8,75	8,51	7,29	21,6
1,116	15	10,06	9,86	9,69	9,34	9,08	7,78	23,2
1,125	16	10,97	10,76	10,47	10,20	9,91	8,49	25,0
1,134	17	11,84	11,61	11,31	11,00	10,60	9,17	26,8
1,142	18	12,64	12,40	12,07	11,74	11,41	9,79	28,4
1,152	19	13,55	13,28	12,93	12,59	12,24	10,49	30,4
1,162	20	14,37	14,09	13,72	13,35	12,97	11,12	32,4
1,171	21	15,13	14,84	14,44	14,06	13,67	11,71	34,2
1,180	22	15,91	15,61	15,19	14,78	14,36	12,31	36,0
1,190	23	16,77	16,44	16,01	15,58	15,15	12,98	38,0
1,200	24	17,67	17,33	16,87	16,42	15,96	13,68	40,0
1,210	25	18,58	18,23	17,74	17,27	16,78	14,38	42,0
1,220	26	19,58	19,20	18,69	18,19	17,68	15,16	44,0
1,231	27	20,59	20,19	19,66	19,13	18,60	15,94	46,2
1,241	28	21,42	20,99	20,44	19,89	19,33	16,57	48,2
1,252	29	22,64	22,20	21,62	21,03	20,45	17,53	50,4
1,263	30	23,67	23,21	22,60	21,99	21,37	18,32	52,6
1,274	31	24,81	24,33	23,69	23,05	22,42	19,21	54,8
1,285	32	25,80	25,30	24,63	23,96	23,30	19,97	57,0
1,297	33	26,83	26,31	25,62	24,92	24,23	20,77	59,4
1,308	34	27,80	27,26	26,55	25,82	25,11	21,52	61,6
1,320	35	28,83	28,28	27,53	26,79	26,04	23,31	64,0
1,332	36	29,93	29,35	28,58	27,81	27,04	23,17	66,4
1,345	37	31,22	30,62	29,82	29,00	28,46	24,40	69,0
1,357	38	32,47	31,84	30,99	30,16	29,32	25,13	71,4

Nota — Ainda que todas as lixívias difiram pelas suas qualidades próprias, todas contêm mais ou menos impurezas. Assim sendo, contudo é conveniente adotar como tipo-padrão para o cálculo da quantidade de lixívia a empregar a tabela acima, que indica as proporções correspondentes de hidrato de sódio nas lixívias preparadas com os produtos mais comuns no comércio.

Tabela 5 — Quantidade (em quilos) de sebo que pode ser saponificada com 100 quilos de lixívias cáusticas de densidades diferentes e preparadas nos graus de causticidade indicados.

Graus Beaumé	77,5''	76''	74''	72''	70''	60''	Graus Twaddel
10	46,78	45,86	44,66	43,40	42,24	36,20	15,0
11	52,22	51,21	49,85	48,51	37,17	40,42	16,6
12	57,14	56,03	54,55	53,08	51,59	44,24	18,2
13	62,00	60,80	59,20	57,59	56,01	47,99	20,0
14	67,30	66,00	64,25	62,52	60,78	52,10	21,6
15	71,85	70,46	68,60	66,70	64,88	55,62	23,2
16	78,38	76,86	74,84	72,81	70,79	60,67	25,0
17	84,59	82,94	80,76	78,57	76,40	65,48	26,8
18	90,02	88,26	85,94	83,62	81,28	69,90	28,4
19	96,79	94,91	92,31	89,91	87,42	74,92	30,4
20	102,64	100,60	97,95	95,30	92,64	79,39	32,4
21	108,10	106,00	103,10	100,40	97,61	83,66	34,2
22	113,64	111,40	108,50	105,50	102,60	87,92	36,0
23	119,80	117,40	113,40	111,30	108,10	92,72	38,0
24	126,20	123,80	120,50	117,20	113,90	97,70	40,0
25	132,71	130,10	126,70	123,3	119,90	102,70	42,0
26	139,80	137,20	133,60	129,9	126,30	108,20	44,0
27	147,10	144,20	139,80	136,7	132,80	113,90	46,2
28	153,00	150,10	146,10	142,1	138,10	118,40	48,2
29	161,70	158,60	154,40	150,3	146,10	125,20	50,4
30	169,07	165,80	161,40	157,0	162,60	130,80	52,6
31	177,20	173,80	169,20	164,3	159,70	136,90	54,8
32	184,30	180,70	176,00	171,2	166,40	142,70	57,0
33	191,60	187,90	183,00	178,0	173,10	148,40	59,4
34	198,60	194,70	189,50	184,5	179,80	153,70	61,6
35	205,92	201,90	196,60	191,3	186,00	159,30	64,0
36	213,80	209,60	204,10	198,6	193,20	165,50	66,4
37	223,00	218,70	212,90	207,2	201,50	172,70	69,0
38	231,90	227,40	221,40	215,4	209,40	179,50	71,4

Lei n.º 7.256 de 27.11.84
PROGRAMA NACIONAL DE DESBUROCRATIZAÇÃO "ESTATUTO DA MICROEMPRESA"

Decreto n.º 90.880 de 30.01.85
PROGRAMA NACIONAL DE DESBUROCRATIZAÇÃO "REGULAMENTO DO ESTATUTO DA MICROEMPRESA

Lei n.º 6.939 de 09.09.81
REGISTRO DO COMÉRCIO - REGIME SUMÁRIO DE REGISTRO E ARQUIVAMENTO - INSTITUIÇÃO

Decreto n.º 86.764 de 22.12.81
REGULAMENTAÇÃO DA LEI N.º 6.939

ARTIGOS DA C.L.T. DISPENSADOS DE SEU CUMPRIMENTO

Lei n.º 7.256 de 27.11.84
Programa Nacional de Desburocratização
Estatuto da Microempresa

Estabelece normas integrantes do Estatuto da Microempresa, relativas ao tratamento diferenciado, simplificado e favorecido, nos campos administrativo, tributário, previdenciário, trabalhista, creditício e de desenvolvimento empresarial.

O Presidente da República,

Faço saber que o Congresso Nacional decreta e eu sanciono a seguinte lei:

Capítulo I
DO TRATAMENTO FAVORECIDO À MICROEMPRESA

Art. 1º - À microempresa é assegurado tratamento diferenciado, simplificado e favorecido, nos campos administrativo, tributário, previdenciário, trabalhista, creditício e de desenvolvimento empresarial, de acordo com o disposto nesta Lei.

Parágrafo único - O tratamento estabelecido nesta Lei não exclui outros benefícios que tenham sido ou vierem a ser concedidos às microempresas.

Art. 2º - Consideram-se microempresas, para os fins desta Lei, as pessoas jurídicas e as firmas individuais que tiverem receita bruta anual igual ou inferior ao valor nominal de 10.000 (dez mil) Obrigações Reajustáveis do Tesouro Nacional — ORTN, tomando-se por referência o valor desses títulos no mês de janeiro do ano-base.

§ 1º - Para efeito da apuração da receita bruta anual, será sempre considerado o período de 1º de janeiro a 31 de dezembro do ano-base.

174

§ 2.º - No primeiro ano de atividade, o limite da receita bruta será calculado proporcionalmente ao número de meses decorridos entre o mês da constituição da empresa e 31 de dezembro do mesmo ano.

§ 3.º - A transformação da empresa, firma individual ou sociedade mercantil, em microempresa, e vice-versa, não a implicará em denúncia ou outra restrição de contratos, como de locação, de prestação de serviços, entre outros.

Art. 3.º - Não se inclui no regime desta Lei a empresa:

I - constituída sob a forma de sociedade por ações;

II - em que o titular ou sócio seja pessoa jurídica ou, ainda, pessoa física domiciliada no exterior;

III - que participe de capital de outra pessoa jurídica ressalvados os investimentos provenientes de incentivos fiscais efetuados antes da vigência desta Lei;

IV - cujo titular ou sócio participe, com mais de 5% (cinco por cento), do capital de outra empresa, desde que a receita bruta anual global das empresas interligadas ultrapasse o limite fixado no artigo anterior.

V - que realize operações relativas a:

a) importação de produtos estrangeiros, salvo se estiver situada em área da Zona Franca de Manaus ou da Amazônia Ocidental, a que se referem os Decretos-leis n.ºs 288, de 28 de fevereiro de 1967, e 356, de 15 de agosto de 1968;

b) compra e venda, loteamento, incorporação, locação e administração de imóveis;

c) armazenamento e depósito de produtos de terceiros;

d) câmbio, seguro e distribuição de títulos e valores mobiliários;

e) publicidade e propaganda, excluídos os veículos de comunicação.

VI - que preste serviços profissionais de médico, engenheiro, advogado, dentista, veterinário, economista, despachante e outros serviços que se lhes possam assemelhar.

Parágrafo único - O disposto nos itens III e IV deste artigo não se aplica à participação de microempresas em Centrais de Compras, Bolsas de Subcontratação, Consórcio de Exportação e outras associadas assemelhadas.

Capítulo II
DA DISPENSA DE OBRIGAÇÕES BUROCRÁTICAS

Art. 4.º - Não se aplicam às microempresas as exigências e obrigações de natureza administrativa decorrentes da legislação federal, ressalvadas as estabelecidas nesta Lei e as demais obrigações inerentes ao exercício do poder de polícia, inclusive as referentes à metrologia legal.

175

Capítulo III
DO REGISTRO ESPECIAL

Art. 5.º - O registro da microempresa no órgão competente observará procedimento especial, na forma deste Capítulo.

Art. 6.º - Tratando-se de empresa já constituída, o registro será realizado mediante simples comunicação, da qual constarão:

I - o nome e a identificação da empresa individual ou da pessoa jurídica e de seus sócios;

II - a indicação do registro anterior da empresa individual ou do arquivamento dos atos constitutivos da sociedade;

III - a declaração do titular ou de todos os sócios de que o volume da receita bruta anual da empresa não excedeu, no ano anterior, o limite fixado no art. 2.º e de que a empresa não se enquadra em qualquer das hipóteses de exclusão relacionadas no art. 3.º desta Lei.

Art. 7.º - Tratando-se de empresa em constituição, deverá o titular ou sócio, conforme o caso, declarar que a receita bruta anual não excederá o limite fixado no art. 2.º e que esta não se enquadra em qualquer das hipóteses de exclusão previstas no art. 3.º desta Lei.

Parágrafo único - O registro de firma individual ou sociedade mercantil será feito na forma regulada pela Lei n.º 6.939, de 9 de setembro de 1981.

Art. 9.º - Feito o registro, independentemente de alteração dos atos constitutivos, a microempresa adotará, em seguida à sua denominação ou firma, a expressão "Microempresa", ou abreviadamente, "ME".

Parágrafo único - É privatido das microempresas o uso das expressões de que trata este artigo.

Art. 9.º - A empresa que deixar de preencher os requisitos fixados nesta Lei para o seu enquadramento como microempresa deverá comunicar o fato ao órgão competente, no prazo de 30 (trinta) dias, contados da respectiva ocorrência.

Parágrafo único - A perda da condição de microempresa, em decorrência do excesso de receita bruta, só ocorrerá se o fato se verificar durante 2 (dois) anos consecutivos ou 3 (três) anos alternados, ficando, entretanto, suspensa de imediato a isenção fiscal prevista no art. 11 desta lei.

Art. 10.º - Os requerimentos e comunicações previstos neste Capítulo poderão ser feitos pela via postal.

Capítulo IV
DO REGIME FISCAL

Art. 11.º - A microempresa fica isenta dos seguintes tributos:

I - imposto sobre a renda e proventos de qualquer natureza;

II - imposto sobre operações de crédito, câmbio e seguros ou relativas a títulos ou valores mobiliários;

III - imposto sobre serviços de transporte e comunicações;

IV - imposto sobre a extração, a circulação, a distribuição ou consumo de minerais do País;

V - (VETADO);

VI - contribuições ao Programa de Integração Social - PIS sem prejuízo dos direitos dos empregados ainda não inscritos, e ao Fundo de Investimento Social - FINSOCIAL;

VII - taxas federais vinculadas exclusivamente ao exercício do poder de polícia, com exceção das Taxas Rodoviária Única e de controles metrológicos e das contribuições devidas aos órgãos de fiscalização profissional;

VIII - taxas e emolumentos remuneratórios do registro referido nos arts. 6.º e 7.º desta Lei.

§ 1.º - A isenção a que se refere este artigo não dispensa a microempresa do recolhimento da parcela relativa aos tributos, a que se obriga por Lei, devidos por terceiros.

§ 2.º - As taxas e emolumentos remuneratórios dos atos subseqüentes ao registro da microempresa não poderão exceder ao valor nominal da 2 (duas) Obrigações Reajustáveis do Tesouro Nacional - ORTN.

§ 3.º - (VETADO).

Art. 12 - As microempresas que deixarem de preencher as condições para seu enquadramento no regime desta Lei ficarão sujeitas ao pagamento dos tributos incidentes sobre o valor da receita que exceder o limite fixado no art. 2.º desta Lei, bem como sobre os fatos geradores que vierem a ocorrer após o fato ou situação que tiver motivação o desenquadramento.

Art. 13 - A isenção referida no art. 11 abrange a dispensa do cumprimento de obrigações tributárias acessórias, salvo as expressamente previstas nos arts. 14, 15 e 16 desta Lei.

Art. 14 - O cadastramento fiscal da microempresa será feito de ofício, mediante intercomunicação entre o órgão de registro e os órgãos cadastrais competentes.

Art. 15 - A microempresa está dispensada de escrituração (vetado), ficando obrigada a manter arquivada a documentação relativa aos atos negociais que praticar ou em que intervier.

Art. 16 - Os documentos fiscais emitidos pelas microempresas obedecerão a modelo simplificado, aprovado em regulamento, que servirá para todos os fins previstos na legislação tributária.

Capítulo V
DO REGIME PREVIDENCIÁRIO E TRABALHISTA

Art. 17 - Ficam assegurados aos titulares e sócios das microempresas, bem como a seus empregados, todos os direitos previstos na legislação previdenciária e trabalhista, observado o disposto neste Capítulo.

Art. 18 - O Poder Executivo deverá estabelecer procedimentos simplifacados, que facilitem o cumprimento da legislação trabalhista e previdenciária pelas microempresas, assim como para eliminar exigências burocráticas e obrigações acessórias que, mesmo previstas na legislação em vigor, sejam incompatíveis com o tratamento diferenciado e favorecido previsto nesta Lei.

Art. 19 - As microempresas e seus empregados recolherão as contribuições destinadas ao custeio da Previdência Social de acordo com o previsto na legislação específica, observado o seguinte:

I - a contribuição do empregado será calculada pelo percentual mínimo;

II - a contribuição da microempresa para o custeio das prestações por acidente do trabalho será igualmente calculada pelo percentual mínimo;

III - o recolhimento das contribuições devidas pelas microempresas poderá ser efetuado englobadamente, de acordo com instruções do Ministro da Previdência e Assistência Social.

Art. 20 - As microempresas ficam dispensadas de efetuar as notificações a que se referem os parágrafos 2.º e 3.º do art. 139 da Consolidação das Leis do Trabalho.

Art. 21 - O disposto no art. 18 desta Lei não dispensa a microempresa do cumprimento das seguintes obrigações:

I - efetuar as anotações na Carteira de Trabalho e Previdência Social;

II - apresentar a Relação Anual de Informações Sociais - RAIS;

III - manter arquivados os documentos comprobatórios dos direitos e obrigações trabalhistas e previdenciárias, especialmente folhas de pagamentos, recibos de salários e remunerações, bem como comprovante de descontos efetuados e de recolhimento das contribuições a que se refere o art. 19 desta Lei.

Art. 22 - As microempresas estão sujeitas ao depósito para o Fundo de Garantia do Tempo de Serviço - FGTS, na forma da Lei.

Capítulo VI
DO APOIO CREDITÍCIO

Art. 23 - Às microempresas serão asseguradas condições especialmente favorecidas nas operações que realizarem com instituições financeiras públicas e privadas, inclusive bancos de desenvolvimento e entidades oficiais de financiamento e fomento às empresas de pequeno porte.

Art. 24 - As operações a que se refere o artigo anterior, de valor até 5.000 (cinco mil) ORTN, terão taxas diferenciadas beneficiamento a microempresa, enquanto as garantias exigidas ficarão restritas à fiança e ao aval.

§ 1º - As operações a que se refere este artigo não sofrerão condicionamentos na concessão ou liberação de recursos, nem exigências de saldos médios, aprovação de projetos, planos de aplicação, nem comprovação do cumprimento de obrigações, inclusive fiscais, perante quaisquer órgãos ou entidades da administração publica.

§ 2º - (VETADO).

§ 3º - (VETADO).

§ 4º - Ficam ressalvadas do disposto no § 1º deste artigo as atividades de apoio técnico-gerencial, relativas às áreas gerencial, tecnológica, mercadológica e financeira, desde que executadas com o consentimento do microempresário, em todas as suas etapas.

§ 5º - Compete ao Conselho Monetário Nacional disciplinar a aplicação do disposto neste artigo, podendo aumentar os limites fixados em seu *caput* (vetado), bem como estabelecer as sanções aplicáveis nos casos de descumprimento.

§ 6º - (VETADO).

Capítulo VII
DAS PENALIDADES

Art. 25 - A pessoa jurídica e a firma individual que, sem observância dos requisitos desta Lei, pleitear seu enquadramento ou se mantiver enquadrada como microempresa estará sujeita às seguintes conseqüências e penalidades.

I - cancelamento de ofício do seu registro como microempresa;

II - pagamento de todos os tributos e contribuições devidos, como se isenção alguma houvesse existido, acrescido de juros moratórios e correção, contados desde a data em que tais tributos ou contribuições deveriam ter sido pagos até a data do seu efetivo pagamento;

III - multa punitiva equivalente a:

a) 200% (duzentos por cento) do valor atualizado do tributo devido, em caso de dolo, fraude ou simulação e, especialmente, nos casos de falsidade das declarações ou informações prestadas, por si ou seus sócios, às autoridades competentes;

b) 50% (cincoenta por cento) do valor atualizado no tributo devido, nos demais casos;

IV - pagamento em dobro dos encargos dos empréstimos obtidos com base nesta Lei.

Parágrafo único - Os recursos que se originarem do pagamento referido no item IV deste artigo (vetado), constituirão o Fundo de Assistência a Microempresas, a ser regulamentado e gerido pelo Ministério da Indústria e do Comércio.

Art. 26 - O titular ou sócio da microempresa responderáa solidária e ilimitadamente pelas conseqüências da aplicação do artigo anterior, ficando, assim, impedido de constituir nova microempresa ou participar de outra já existente com os favores desta Lei.

Art. 27 - A falsidade das declarações prestadas para obtenção dos benefícios desta lei caracteriza o crime do art. 299 do Código Penal, sem prejuízo do seu enquadramento em outras figuras penais cabíveis.

Capítulo VIII
DA REMISSÃO DE CRÉDITO TRIBUTÁRIO

Art. 28 - (VETADO).

Art. 29 - As firmas individuais e sociedades comerciais e civis, identificáveis como microempresa, segundo estabelece este estatuto, que a partir de 1.º de janeiro de 1981 não tenham exercido atividade econômica de qualquer espécie, poderão requerer a sua baixa no registro competente dentro de 180 (cento e oitenta) dias a contar da data da vigência desta Lei, independente de prova de justificação de tributo e contribuição com a Fazenda Pública Federal.

Parágrafo único - Os benefícios de que tratam (vetado) e o *caput* deste artigo são concedidos sem prejuízo da aplicação do disposto no art. 25 desta lei.

Capítulo IX
DISPOSIÇÕES GERAIS

Art. 30 - O Poder Executivo regulamentará a presente lei no prazo de 60 (sessenta) dias.

Art. 31 - Esta lei entra em vigor na data de sua publicação.

Art. 32 - Revogam-se as disposições em contrário.

Brasília, em 27 de novembro de 1984; 163.º da Independência e 96.º da República.

João Figueiredo
Ernane Galvêas
Murilo Badaró
Delfim Netto

(Diário Oficial da União de 28.11.84)

Decreto n.º 90.880, de 30.01.85
Programa Nacional de Desburocratização
Regulamento do Estatuto da Microempresa

Regulamenta a Lei. n.º 7.256, de 27 de novembro de 1984, que estabelece normas integrantes do Estatuto da Microempresa e dá outras providências.

O Presidente da República, usando da atribuição que lhe confere o artigo 81, item III, da Constituição e tendo em vista o disposto no artigo 30 da Lei n.º 7.256, de 27 de novembro de 1984,

Decreta:

Capítulo I
DO TRATAMENTO FAVORECIDO À MICROEMPRESA

Art. 1.º - É assegurado à microempresa, nos termos da Lei n.º 7.256, de 27 de novembro de 1984, tratamento diferenciado, simplificado e favorecido, nos campos administrativo, tributário, previdenciário, trabalhista, creditício e de desenvolvimento empresarial.

§ 1.º - O tratamento diferenciado, simplificado e favorecido tem como objetivo facilitar a constituição e o funcionamento de unidades produtivas de pequeno porte, com vistas ao fortalecimento de sua participação no processo de desenvolvimento econômico e social.

§ 2.º - Os órgãos e entidades da administração federal direta e indireta deverão tomar as medidas necessárias para assegurar a plena consecução dos objetivos previstos na Lei. n.º 7.256/84 e o cumprimento das diretrizes que vierem a ser fixadas pelo Conselho de Desenvolvimento das Micro, Pequena e Média Empresas.

§ 3.º - O tratamento estabelecido neste Regulamento não exclui outros benefícios que tenham sido ou vierem a ser concedidos às microempresas.

Capítulo II
DO REGISTRO ESPECIAL

Art. 2.º - O registro especial referido no capítulo III da Lei n.º 7.256/84 é indispensável para a utilização efetiva dos benefícios nela concedidos, mas, uma vez realizado, os seus efeitos retroagem, conforme o caso, ou à data da constituição da empresa, se anterior ao registro, ou à data da vigência da lei, se a empresa for preexistente.

Art. 3.º - O registro especial constitui prova bastante da condição legal de microempresa, a qual não poderá ser impugnada por qualquer órgão ou entidade da Administração Federal, salvo no caso de cancelamento do registro, na forma do artigo 6.º.

Art. 4.º - O pedido de registro da microempresa, quando feito por via postal, será encaminhado mediante correspondência a ser entregue com aviso de recebimento ou sistema semelhante.

Parágrafo único - A devolução dos documentos registrados, bem assim a comunicação de eventuais exigências para a efetivação do registro, serão feitas à microempresa pela via postal simples.

Art. 5.º - Os órgãos do Registro do Comércio e do Registro Civil das Pessoas Jurídicas celebrarão convênios com os demais órgãos federais, estaduais e municipais interessados no cadastramento fiscal da microempresa.

Art. 6.º - O cancelamento do registro especial da microempresa, obedecidos os preceitos da Lei n.º 7.256/84, poderá ser efetivado:

I - a pedido da microempresa interessada;

II - de ofício, pelo órgão de registro;

III - mediante solicitação ao órgão de registro apresentada por qualquer outro órgão da Administração Pública.

§ 1.º - Nos casos contemplados nos incisos II e III deste artigo, o órgão de registro dará à microempresa ciência prévia dos fatos, das provas e da motivação legal que servir ao cancelamento, assegurando-se à interessada todos os recursos na legislação específica do registro civil e comercial, os quais terão efeito suspensivo.

§ 2.º - O cancelamento do registro especial não extingue a empresa, que continua a existir sem os favores da Lei n.º 7.256/84.

182

Capítulo III
DO REGIME TRABALHISTA

Art. 7º - As microempresas são dispensadas do cumprimento das obrigações acessórias a que se referem os artigos 60, 74, 135, § 2º, 162, 168, 360, 429 e 628, § 1º todos da Consolidação das Leis do Trabalho.

Art. 8º - As microempresas ficam também dispensadas do cumprimento de quaisquer obrigações acessórias, relativas à fiscalização do trabalho, que tenham sido instituídas por atos normativos emanados de autoridades administrativas de qualquer espécie ou hierarquia, salvo as que, por ato do Ministro do Trabalho, sejam consideradas imprescindíveis à proteção do trabalhador.

Art. 9º - As normas de caráter geral, constantes de leis ou atos normativos editados após a vigência deste Decreto, que criem obrigações acessórias relativas à fiscalização do trabalho, só serão aplicáveis às microempresas se assim expressamente dispuserem.

Capítulo V
DO CRÉDITO

Art. 10 - As instituições financeiras não poderão condicionar a concessão de crédito favorecido, de que trata o capítulo VI da Lei nº 7.256/84, à aceitação pela microempresa do apoio técnico-gerencial previsto no parágrafo 4º art. 24 da mesma lei.

Art. 11 - As condições especialmente favorecidas a que se refere o art. 23 da Lei nº 7.256/84, deverão abranger encargos financeiros, limites de assistência e simplificação do processo de financiamento.

Capítulo VI
DAS DISPOSIÇÕES GERAIS E FINAIS

Art. 12 - Os documentos emitidos pelas microempresas, para todos os fins previstos na legislação tributária, obedecerão a modelos simplificados aprovados pelo Ministério da Fazenda, ouvido, se for o caso, o Conselho Nacional de Política Fazendária - CONFAZ.

Art. 13 - As firmas individuais e sociedades comerciais e civis, identificáveis como microempresas, que usarem da faculdade prevista no artigo 29 da Lei nº 7.256/84, deverão instruir o seu pedido de baixa com o documento próprio de cancelamento, distrato ou dissolução, acompanhado de declaração, firmada por seu titular ou representante legal, sob as penas da lei, de que não exerceram atividade econômica de qualquer espécie, depois de 1.º de janeiro de 1981.

§ 1.º - Além dos documentos referidos neste artigo, nenhum outro poderá ser exigido dos interessados.

§ 2.º - A prova de quitação de tributos estaduais e municipais continuará a ser produzida na forma prevista no artigo 10 da Lei n.º 6.939 de 9 de novembro de 1981.

§ 3.º - Os órgãos do Registro do Comércio e do Registro Civil das Pessoas Jurídicas, conforme o caso, enviarão às repartições previdenciárias e fiscais competentes a relação das firmas individuais e das sociedades que tiverem a baixa concedida nos termos deste artigo.

Art. 14 - Este Decreto entra em vigor na data de sua publicação, revogadas as disposições em contrário.

Brasília, 30 de janeiro de 1985; 164.º da Independência e 97.º da República.

João Figueiredo
Mailson Ferreira da Nóbrega
Murilo Macedo ·
Murilo Badaró

Lei n.º 6.939, de 09.09.81 - D.O.U. de 10.09.81
Registro do Comércio - Regime Sumário de Registro e Arquivamento - Instituição

O Presidente da República,

Faço saber que o Congresso Nacional decreta e eu sanciono a seguinte Lei:

CAPÍTULO I
DO REGIME SUMÁRIO

Art. 1.º - É instituído o regime sumário de registro e arquivamento no Registro do Comércio, que será aplicado:

I - a todo os atos sujeitos a registro ou arquivamento relativos a firmas individuais e sociedades mercantis que preencham, cumulativamente, os seguintes requisitos:

a) sejam constituídas sob a forma de sociedade por quotas de responsabilidade limitada, sociedade em nome coletivo, sociedade em comandita ou sociedade de capital e indústria;

b) tenham como sócios apenas pessoas físicas residentes no País;

II - os atos, contratos e estatutos de sociedades mercantis, sujeitos a registro ou arquivamento no Registro do Comércio, inclusive os mencionados no art. 2.º, cuja validade dependa, por força de lei, da prévia aprovação por órgãos governamentais;

III - aos demais atos societários não incluídos entre aqueles cujo registro ou arquivamento dependa de decisão colegiada nos termos do art. 2.º.

Parágrafo único - A sociedade que, a qualquer tempo, deixar de preencher os requisitos do item I passará a ficar sujeita ao regime ordinário de registro e arquivamento no Registro do Comércio.

Art. 2º - Continuam sujeitos ao regime de decisão colegiada pelas Juntas Comerciais, na forma de legislação própria:

I - o registro ou arquivamento:

a) dos atos de constituição de sociedades anônimas, bem como das atas de assembléias gerais e demais atos, relativos a essas sociedades, sujeitos ao registro ou arquivamento no Registro do Comércio;

b) dos atos concernentes à constituição das sociedades mútuas, às alterações dos seus estatutos e à sua dissolução;

c) dos atos referentes à transformação, incorporação, fusão e cisão de sociedades mercantis;

d) dos atos extrajudiciais ou de decisões judiciais de liquidação de sociedades mercantis;

e) dos atos de constituição de consórcios, conforme o previsto no art. 279 da Lei nº 6.404, de 15 de dezembro de 1976.

f) dos atos mencionados no item I do art. 1º, quando não preenchidos os requisitos nele estabelecidos;

II - o julgamento das impugnações e recursos previstos no Capítulo II desta Lei e na legislação referente ao Registro do Comércio.

Art. 3º - O registro ou arquivamento sumário será concedido mediante decisão singular, com observância do disposto nos parágrafos deste artigo e na forma a ser estabelecida no regulamento desta Lei.

§ 1º - As empresas individuais, no registro da declaração ou anotação de firma individual, apresentarão formulário próprio, de acordo com modelo aprovado pelo órgão competente do Ministério da Indústria e do Comércio, o qual conterá a qualificação completa e a identidade do respectivo titular, bem como declaração, por ele firmada sob as penas da lei, de que inexiste impedimento legal à pratica do comércio.

§ 2º - As sociedades mercantis referidas no item I do art. 1º apresentarão, para o registro ou arquivamento de seus atos societários, os seguintes documentos:

a) o instrumento a ser registrado ou arquivado, assinado pelos sócios ou seus procuradores;

b) declaração, firmada sob as penas da lei, de que inexiste impedimento legal à participação da pessoa física em sociedade comercial, como sócio ou administrador.

§ 3º - O registro ou arquivamento dos atos referidos no art. 1º, item II, independerá do cumprimento de qualquer formalidade, além da aprovação prévia pelo órgão governamental competente.

§ 4º - Quando se tratar de registro de declaração de firma individual, ou de arquivamento de ato constitutivo de sociedade ou de alteração de denominação social, a Junta Comercial verificará, desde logo, a inexistência de nome comercial idêntico ou semelhante àquele que esteja sendo pleiteado.

§ 5º - O cancelamento de firma individual será deferido mediante apresentação de requerimento assinado pelo respectivo titular.

§ 6º - A cópia de documento, autenticada na forma da lei, dispensa nova conferência com o original.

§ 7º - A autenticação poderá, ainda, ser feita mediante cotejo da cópia com o original, pelo próprio servidor a quem o documento seja apresentado.

§ 8º - Além dos referidos neste artigo, nenhum outro documento será exigido das firmas individuais e sociedades referidas no art. 1º, bem como de seus titulares, sócios ou administradores.

§ 9º - Não se aplica ao regime sumário, previsto neste artigo, o disposto no § 4º do art. 71 da Lei nº 4.215, de 27 de abril de 1963, que lhe foi acrescido pela Lei nº 6.884, de 9 de dezembro de 1980.

Art. 4º - Os pedidos de registro ou arquivamento, em regime sumário, serão apreciados e decididos no prazo máximo de 3 (três) dias úteis, contados da respectiva apresentação.

CAPÍTULO II
DO CONTROLE DA LEGALIDADE DOS ATOS SUBMETIDOS A REGISTRO OU ARQUIVAMENTO SUMÁRIO

Art. 5º - O ato registrado ou arquivado, consoante o disposto no art. 3º, poderá ser impugnado, dentro dos 10 (dez) dias úteis subseqüentes ao deferimento, em qualquer das hipóteses previstas no art. 6º, por terceiros ou pela Procuradoria da Junta Comercial.

§ 1º - Impugnado o registro ou arquivamento, será aberto prazo de 10 (dez) dias para que o interessado apresente contra-razões.

§ 2º - O pedido de impugnação será julgado pelo plenário da Junta Comercial.

§ 3º - Da decisão do plenário caberá recurso, sem efeito suspensivo, no prazo de 15 (quinze) dias, ao Ministro da Indústria e do Comércio, obedecido o disposto no art. 53 da Lei nº 4.726, de 13 de julho de 1965.

§ 4º - Não caberá impugnação pela Procuradoria da Junta Comercial na hipótese de inobservância do prazo previsto no art. 4º.

§ 5º - A firma individual ou sociedade mercantil, cujo ato submetido a registro ou arquivamento tenha sido definitivamente impugnado, providenciará, no prazo de 30 (trinta) dias, a sua retificação se o vício for sanável, sob pena de, não o fazendo, ser declarado o cancelamento do registro ou arquivamento, sem prejuízo de outras sanções cabíveis.

§ 6.º - Os prazos previstos neste artigo serão contados a partir da data da publicação no Diário Oficial ou do recebimento, pelo interessado, da comunicação oficial, a qual poderá ser feita por via postal, com aviso de recepção.

§ 7.º - Competirá ao Presidente da Junta Comercial declarar o cancelamento, que produzirá efeitos após sua publicação no Diário Oficial.

§ 8.º - As Juntas Comerciais comunicarão o cancelamento por via postal, com aviso de recepção, além da publicação no Diário Oficial.

Art. 6.º - O cancelamento do registro ou arquivamento somente poderá ser declarado:

I - na alteração contratual, se o instrumento não estiver assinado por todos os sócios, salvo:

a) quando o contrato ou estatuto permitir a deliberação de sócios que representem a maioria do capital social;

b) no caso de exclusão de sócio do cargo de gerente, por deliberação da maioria do capital social;

c) nas demais hipóteses de exclusão de sócio previstas em lei.

II - se do contrato de sociedade em comandita não constar a assinatura dos comanditários, podendo, se assim requerido, ser omitidos os nomes destes na publicação e nas certidões respectivas;

III - se o contrato contiver matéria contrária à lei, aos bons costumes e à ordem pública;

IV - se do contrato não constarem:

a) o tipo de sociedade adotado;

b) a declaração precisa do objeto social;

c) o capital da sociedade, a forma e o prazo de sua integralização, o quinhão de casa sócio, bem como a responsabilidade dos sócios;

d) a qualificação de cada sócio e dos administradores, com a declaração de seu nome civil, nacionalidade, estado civil, número oficial de identidade e órgão expedidor, domicílio e residência com endereço completo, observado o disposto no § 1.º;

e) o nome comercial, o Município da sede e o foro;

f) o prazo de duração da sociedade e a data de encerramento do seu exercício social, quando não coincidente com o ano civil;

V - se for verificada a existência de firma individual ou sociedade com nome comercial idêntico ou semelhante;

VI - se não houver sido obtida prévia aprovação do contrato ou de sua alteração pelo Governo, nos casos em que essa aprovação seja exigida em lei;

VII - nos casos de incapacidade, impedimento ou ilegitimidade de sócio ou administrador;

VIII - na hipótese do não cumprimento de solenidade, prescrita em lei, essencial à validade do ato;

IX - se, na baixa de firma individual e na extinção ou redução do capital de sociedade comercial, existir débito com a Fazenda Pública Federal, Estadual ou Municipal;

X - se não houver sido cumprida qualquer das exigências previstas no art. 3º;

XI - nos casos de falsidade documental ou ideológica.

§ 1º - A qualificação completa dos sócios e administradores, referida no item IV, alínea "d", deste artigo, será dispensada nas alterações contratuais, com relação às pessoas já identificadas e qualificadas em ato da mesma sociedade previamente registrado ou arquivado no Registro do Comércio.

§ 2º - O cancelamento poderá ser ilidido, na hipótese prevista no item IX, mediante prova de que foi prestada caução ou garantia que baste para a satisfação integral do débito e seus acessórios.

§ 3º - Na hipótese de cancelamento prevista no item XI, os responsáveis, definitivamente condenados na forma da lei penal, ficarão impedidos de comerciar ou de participar da administração de qualquer sociedade mercantil.

CAPÍTULO III
DISPOSIÇÕES GERAIS

Art. 7º - O registro e arquivamento no Registro do Comércio, bem como a autenticação de livros mercantis, poderão ser requeridos às Juntas Comerciais, suas delegacias e escritórios e, também às autoridades estaduais e municipais que, mediante convênio com as Juntas Comerciais, estejam autorizadas a prestar esses serviços.

Art. 8º - Compete exclusivamente ao Departamento Nacional do Registro do Comércio:

I - estabelecer e consolidar as normas e as diretrizes gerais de registro e arquivamento de atos de firmas individuais e sociedades mercantis de qualquer natureza, inclusive no que se refere à documentação a ser exigida para os aludidos fins;

II - baixar instruções a serem seguidas pelas Juntas Comerciais, com vistas à descentralização dos serviços, simplicação documental e melhor atendimento ao usuário.

Art. 9º - Compete ao Poder Executivo Federal fixar o número de vogais e respectivos suplentes em cada circunscrição do Registro do Comércio, bem como autorizar a instituição de turmas especializadas nas Juntas Comerciais.

Parágrafo único - As turmas especializadas serão organizadas segundo a natureza jurídica ou econômica das pessoas cujos atos devam ser registrados ou arquivados no Registro do Comércio.

Art. 10 - A prova de quitação com tributos e contribuições previdenciárias, nas hipóteses de baixa de firma individual ou de extinção ou redução do capital de sociedade mercantil, será feita mediante informação prestada diretamente pela autoridade arrecadadora competente à Junta Comercial, por solicitação desta última.

§ 1º Se, no prazo de 30 (trinta) dias, a autoridade arrecadadora não houver prestado a informação, conceder-se-á o registro ou arquivamento, independentemente da prova de quitação.

§ 2º - Na hipótese prevista no § 1º, o chefe da repartição e o servidor encarregado ou responsável, se provada negligência ou dolo, responderão civil, penal e administrativamente pela omissão, como exercício irregular de suas atribuições.

§ 3º - Durante o decurso do prazo referido no § 1º, ficarão suspensos os demais prazos aplicáveis ao processo de registro ou arquivamento.

§ 4º - Não será exigida, para fins de registro ou arquivamento no Registro do Comércio, prova de quitação ou de situação regular com tributos e contribuições de qualquer natureza, salvo nas hipóteses previstas neste artigo.

Art. 11 - As alterações de contrato ou estatuto de sociedade poderão ser efetivadas por escritura pública ou particular, independentemente da forma de que se houver revestido o respectivo ato de constituição.

Art. 12 - São as Juntas Comerciais autorizadas a devolver os documentos submetidos a registro ou arquivamento no Registro do Comércio se o interessados deixarem de atender, no prazo de 90 (noventa) dias, exigência formulada em processo de registro ou arquivamento, ressalvadas as hipóteses de interposição de recurso tempestivo e de justificação fundamentada.

Art. 13 - As empresas deverão comunicar à Junta Comercial as alterações de endereço.

Art. 14 - A prova da publicidade de atos societários, quando exigida em lei, será feita mediante anotação nos registros da Junta Comercial à vista da apresentação da folha do Diário Oficial, ou do jornal onde foi feita a publicação, dispensada a juntada da mencionada folha.

Art. 15 - O fornecimento de informações cadastrais ao Registro do Comércio desobriga as firmas individuais e sociedades mercantis de prestarem idênticas informações a outros órgãos ou entidades da Administração Federal, Estadual ou Municipal.

190

Parágrafo único - O Departamento Nacional do Registro do Comércio manterá à disposição dos órgãos referidos neste artigo os seus serviços de cadastramento de empresas.

Art. 16 - O item III do art. 38 da Lei nº 4.726, de 13 de julho de 1965, passa a vigorar com a seguinte redação:

"III - os documentos de constituição ou alteração de sociedades mercantis, de qualquer espécie, em que figure como sócio, diretor ou gerente pessoa impedida por lei especial, ou condenada por crime falimentar, de prevaricação, peita ou suborno, concussão, peculato, contra a economia popular, a fé pública ou a propriedade, ou a pena criminal que vede, ainda que temporariamente, o acesso a funções, empregos ou cargos públicos."

Art. 17 - As firmas individuais e sociedades comerciais, inclusive sociedades anônimas, que, a partir de 1º de janeiro de 1977, não tenham exercido atividade econômica ou comercial de qualquer espécie, poderão requerer a sua baixa no Registro do Comércio, dentro de 180 (cento e oitenta) dias, a contar da data de vigência desta lei, independentemente de prova de quitação com a Fazenda Pública Federal, Estadual e Municipal.

Parágrafo único - O requerimento será assinado pelo titular da firma individual ou representante legal da pessoa jurídica.

Art. 18 - Esta Lei entrará em vigor dentro de 90 (noventa) dias, a contar de sua publicação.

Art. 19 - Revogam-se as diposições em contrário.

Brasília, em 09 de setembro de 1981; 160º da Independência e 93º da República.

João Figueiredo
João Camilo Penna
Hélio Beltrão

Decreto n.º 86.764, de 22.12.81
Registro do Comércio - Regime sumário de registro e arquivamento - Regulamentação

O Presidente da República, no uso das atribuições que lhe confere o art. 81, itens III e V, da Constituição

Decreta:

Art. 1º - Os pedidos de registro ou arquivamento sumário no Registro do Comércio, de que trata a Lei n.º 6.939, de 9 de setembro de 1981, serão objeto de decisão singular proferida pelo Presidente da Junta Comercial, por um vogal ou ainda por servidor que possua comprovados conhecimentos de direito comercial e de registro do comércio.

Parágrafo único - Os vogais e servidores habilitados a proferir decisões singulares serão designados pelo Presidente da Junta Comercial, devendo o ato de designação ser aprovado pelo Plenário da Junta.

Art. 2º - Os pedidos de registro ou arquivamento, em regime sumário, serão apreciados e decididos no prazo máximo de 3 (três) dias úteis, contados do seu recebimento.

Parágrafo único - Quando o pedido for protocolado em órgão diverso daquele em que deverá ser decidido, ou onde não haja autoridade competente para deliberar sobre registro ou arquivamento, em regime sumário, o prazo contar-se-á a partir do recebimento da documentação pelo órgão competente para a respectiva decisão.

Art. 3º - A não obediência do prazo para registro ou arquivamento, em regime sumário, sujeitará o responsável às sansões disciplinares e administrativas pertinentes, sem prejuízo de outras responsabilidades previstas em lei.

Art. 4º - Do indeferimento do registro ou arquivamento ou da imposição de exigência caberá recurso para o Plenário da Junta Comercial, na forma e nos prazos previstos nos §§ 1º, 2º, 3º, 6º e 8º do artigo 5º da Lei n.º 6.939, de 1981.

Art. 5º - O ato registrado ou arquivado poderá ser impugnado por terceiros ou pela Procuradoria Regional, dentro dos 10 (dez) dias úteis subseqüentes ao deferimento, em qualquer das hipóteses previstas no art. 6º da Lei n.º 6.939, de 1981.

Art. 6º - As firmas individuais e sociedades mercantis, inclusive as sociedades anônimas que, até o dia 7 de junho de 1982, utilizarem a faculdade prevista no artigo 17 da Lei n.º 6.939, de 1981, deverão instruir o

192

seu pedido com o documento próprio de cancelamento, distrato ou dissolução, acompanhado de declaração, firmada por seu titular ou representante legal, sob as penas de lei, de que não exerceram atividade econômica ou comercial, de qualquer espécie, depois de 1º de janeiro de 1977.

§ 1º - Além dos referidos neste artigo, nenhum outro documento poderá ser exigido dos interessados.

§ 2º - As Juntas Comerciais enviarão às repartições previdenciárias e fiscais competentes, federais, estaduais e municipais, a relação das firmas individuais e das sociedades que se utilizarem da faculdade prevista neste artigo.

Art. 7º - Os órgãos e autoridades federais deverão coordenar-se com o Departamento Nacional de Registro do Comércio com a finalidade de harmonizar entendimentos e fixar normas destinadas a regular o registro ou arquivamento, no Registro do Comércio, de atos, contratos e estatutos de sociedades mercantis, cuja validade dependa, por força de lei, da prévia aprovação ou autorização governamental.

Art. 8º - O Departamento Nacional de Registro do Comércio estabelecerá as normas necessárias para a utilização dos serviços relativos ao Cadastro de Empresas, para os fins previstos no parágrafo único do artigo 15 da Lei nº 6.939, de 9 de setembro de 1981.

Art. 9º - Este Decreto entrará em vigor na data de sua publicação.

Art. 10º - Revogam-se as disposições em contrário.

Brasília, 22 de dezembro de 1981; 160º da Independência e 93º da República.

João Figueiredo
João Camilo Penna
Hélio Beltrão

(DOU de 23.12.81)

Artigos da CLT dispensados de seu cumprimento.

1º) A Lei nº 7.256/84 foi divulgada no Bol. IOB nº 35/84, pág. 769, deste Caderno.

2º) Os dispositivos da CLT referidos no artigo 7º, são: "Art. 60 - Nas atividades insalubres, assim consideradas as constantes nos quadros mencionados no capítulo "Da Segurança e da Medicina do Trabalho", ou que neles venham a ser incluídas por ato do ministro do Trabalho, quaisquer prorrogações só poderão ser acordadas mediante licença prévia das autoridades competentes em matéria de medicina do trabalho, as quais, para esse efeito, procederão aos necessários exames locais e à verificação dos métodos e processod e trabalho, quer diretamente, quer por intermédio de autoridades sanitárias federais, estaduais e municipais, com quem entrarão em entendimento para tal fim.

Art. 135 - ....

§1º - ....

§2º - A concessão das férias será, igualmente, anotada no livro ou nas fichas de registro dos empregados.

Art. 168 - Será obrigatório o exame médico do empregado, por conta do empregador.

Art. 162 - As empresas, de acordo com normas a serem expedidas pelo Ministério do Trabalho, estarão obrigadas a manter serviços especializados em segurança e em medicina do trabalho.

Art. 360 - Toda empresa compreendida na enumeração do art. 352, §1º, deste capítulo, qualquer que seja o número de seus empregados deve apresentar anualmente às repartições competentes do Ministério do Trabalho, de 2 de maio a 30 de junho, uma relação, em duas vias, de todos os seus empregados, segundo o modelo que for expedido.

Art. 429 - Os estabelecimentos industriais de qualquer natureza, inclusive de transportes, comunicações e pesca, são obrigados a empregar e matricular nos cursos mantidos pelo Serviço Nacional de Aprendizagem Industrial (SENAI):

Art. 628 - ....

§1º - Ficam as empresas obrigacas a possuír o livro intitulado "Inspeção do Trabalho", cujo modelo será aprovado por portaria ministerial.

ÍNDICE ALFABÉTICO

A

Ácido oleico	23
Agente de limpeza amoniacal	91
Água	25
Água de Almíscar das Índias	147
Água de baunilha	145
Água de Chipre	146
Água de Colônia	138
Água de heliotrópio	145
Água de jasmim	144
Água de lavadeira	92
Água de mel odorífica	147
Água de Pradal (para a pele)	146
Água de quina	141
Água de resedá	144
Água de violetas	145
Água Flórida	146
Álcalis	26
Amaciante de roupa	91
Amassadura	81

B

Baldes	29
Banha de porco	23
Borras de óleo de coco, algodão, etc	23
Brilhantina	142

C

Cal	25
Caldeiras	30
Caldeiras com aquecimento a vapor	30
Caldeiras de fogo direto	30
Clarificação	14
"Cold-Cream"	152
Coloração e perfumagem	106
Corante para os lábios (em forma de lápis)	156
Corante para os lábios (líquidos)	156
Corantes e perfumes	12

Cores	100
Corte	15
Cosméticos, líquidos, em creme, etc	15
Creme de Catay	151
Creme Neve	153
Cunhagem	15

D

Dentifrícios em pasta	166
Dentifrícios líquidos	165
Detergente biodegradável em pó	89
Detergente líquido biodegradável	89

E

Empastagem	14
Extrato "Bouquet"	132
Extrato de resedá	134
Extrato de violetas (comum)	134
Extrato "Espinheiro"	133
Extrato "Musselina"	133
Extratos	131

F

Fixador de cabelo	142
Fórmula de sabão transparente	64
Fórmulas de sabão transparente com álcool e açúcar	67
Fórmulas de sabão transparente com álcooll e glicerina	66
Fórmulas de sabão transparente sem álcool	68
Fórmulas de sabão tipo "Eschwege"	59
Formulas de sabão tipo "Offenbach"	58

G

Glicerina	25
Gordura de cavalo	23
Gordura de lã	23
Gorura de ossos	23
Gorduras de animais	22

I

Influência dos silicatos no poder detergente dos sabões	18

L

Leite de flor de laranjeira	154
Leite de pepinos	154
Leite de rosas	153
Leite virginal	154
Lexívias com soda cáustica em pedra	26
Lixívia residual	84
Loções comuns	137
Loções para o cabelo	140

M

Máquina de cortar	32
Matérias de recheio	12
Matérias graxas	11
Matérias alcalinas	12
Matérias-primas essenciais	11
Matérias-primas secundárias	12
Matérias-primas coadjuvantes	13
Mesa cortadora	33
Método de fabricação dos sabões transparentes	69

O

Óleo de algodão	21
Óleo de amendoim	20
Óleo de coco	22
Óleo de colza	20
Óleo de dormideiras	19
Óleo de girassol	20
Óleo de linhaça	19
Óleo de milho	20
Óleo de noz de palma	21
Óleo de palma	21
Óleo de oliva	21
Óleo de rícino	19
Óleo de semente de tomate	21
Óleo de soja	20
Óleo perfumado	141
Óleos e azeites	19
Outras fórmulas de sabão econômico	54
Outras gorduras animais	23

P

Pás de ferro	29
Pasta para a barba	121
Perfumes	99
Perfume "Bouquet"	134
Perfume "Chipre" clássico	125
Perfume "Excelsior"	135
Perfume "Flor de Cerejeira"	126
Perfume "Flores da Primavera"	126
Perfume "Heliotrópio"	127
Perfume "Ilangue-ilangue"	127
Perfume "Iris"	127
Perfume "Jasmim"	128
Perfume "Junquilho"	128
Perfume "Lírio"	128
Perfume "Louisiania Garden"	135
Perfume "Magnólia"	128
Perfume "Metropolitan delight"	135
Perfume "Mirta"	129
Perfume "Narciso"	129
Perfume "Patchuli"	129
Perfume "Primavera"	129
Perfume "Rosa"	130
Perfume "Verbena"	130
Perfume "Violeta"	130
Perfume "White Rose"	134
Peso específico	83
Pó de arroz	145
Pó de arroz "ideal" (rosa)	149
Pó de arroz violeta (branco)	150
Pó de sabão de Windsor	72
Pó de sabão untuoso	72
Pó dentifrício americano	165
Pó dentifrício de carvão	164
Pó dentifrício de Delestre	163
Pó dentifrício de Mialhe	164
Pó dentifrício de Piesse e Lubin	164
Pó dentifrício suave	164
Pó facial 151	151
Pó oriental	149
Pó Serkis do Serralho	148

Pó vermelho 148
Poder detergente 17
Poder espumante 18
Pomada branca para os lábios 155
Pomada para os lábios 155
Pomada de manteiga de cacau 151
Pomada rosada para os lábios 155
Porcentagem de álcalis cáusticos contidos na soda 26
Pós cosméticos 144
Pós dentifrícios 158
Potassa e soda 24
Potassa e soda cáusticas 24
Prensas 34
Processos de fabricação 84
Purificação 14

R

Resíduos graxos 83
Resina, colofónia ou breu 24
Resinas 12
Rodos 29

S

Sabão áspero (para substituir a pedra-pomes) 108
Sabão branco, estilo "Marselha" 50
Sabão de coco e sebo 47
Sabão de estearina 48
Sabão de óleo de palma 48
Sabão de óleo de palma e sebo 48
Sabão de resina 49
Sabão de resina comum 50
Sabão de sebo 49
Sabão duro 47
Sabão económico 53
Sabão económico (sistema alemão) 53
Sabão em escamas 73
Sabão líquido à base de óleo de coco, etc. 85
Sabão líquido de alcatrão 86
Sabão líquido à base de óleo de palma 86
Sabão líquido para oficinas 87
Sabão líquido para pisos 87

Sabão líquido para talheres 87
Sabão para lavagem em geral 46
Sabão semicozido (sistema inglês) 52
Sabão tipo "Eschwege" 58
Sabão tipo "Offenbach" 56
Sabões à base de carbonato 44
Sabões a frio 42
Sabões fervidos 40
Sabões fervidos comuns e suas fórmulas 46
Sabões fervidos em geral 46
Sabões flutuantes - matéria-prima 79
Sabões líquidos para uso de toucador 85
Sabões líquidos à base de óleo de coco, etc 85
Sabões semifervidos 41
Sabões silicatados 46
Sabonete branco de rosa 114
Sabonete comum 105
Sabonete de água de colônia 111
Sabonete de alfazema 112
Sabonete de almíscar 108
Sabonete de amêndoas amargas 107
Sabonete de baunilha (fino) 114
Sabonete de baunilha (popular) 115
Sabonete de benjoim 108
Sabonete de "Bouquet" 109
Sabonete de canela 116
Sabonete de cânfora 109
Sabonete de cássia 109
Sabonete de coentro 110
Sabonete de Criméia 111
Sabonete de flores de laranjeira 114
Sabonete de glicerina 119
Sabonete de limão 110
Sabonete de malvaísco (popular) 111
Sabonete de malvaísco (superfino)c 110
Sabonete de mil flores (fórmulas francesa) 112
Sabonete de mil flores (fórmula inglesa) 112
Sabonete de óleo de palma 113
Sabonete de violeta 115
Sabonete de Windsor (branco) 115
Sabonete de Windsor (escuro) 116

Sabonete de Windsor (vermelho) 115
Sabonete de espumoso 119
Sabonete de espumoso de "Bouquet" 119
Sabonete de espumoso de flores 120
Sabonete de espumoso de rosa 120
Sabonete "Flor de Alpes" 107
Sabonete funcho 111
Sabonete líquido para a barba 121
Sabonete para a barba 120
Sabonete rosa (1.ª qualidade) 113
Sabonete rosa (2.ª qualidade) 113
Sabonete transparente 118
"Sachetes" 161
"Sachet" das graças 161
"Sachet" primaveril 162
"Sachet" de violeta 161
Salga 14
Sal comum 126
Sangria 14
Saponificação 9
Saponificação parcial 45
Saponificação a quente 9
Sebo animal 22
Sebo de brindônia 22
Sebo vegetal 22
Secagem 15, 106
"Shampoos" à base de ovo 96, 98
"Shampoos" diversos 95
"Shampoos" em forma de creme 96
"Shampoos" em forma de pães 95
"Shampoos" em pó 96
"Shampoos" líquidos 93
"Shampoos" para cabelos oleosos 98
"Shampoo" para cabelos secos 98
"Shampoo" preparados sem sabão 97
Solubilidade 16

T

Tanques ou moldes 35
Tabela do índice de saponificação 39
Tabelas 168

Talco perfumado	150
Termômetro	29
Tipos de sabonetes	107
Tipos de perfumes	124
Tipos de extratos	131

V

Vinagre de alecrim	259
Vinagre de canela	160
Vinagre de cravo	159
Vinagre de cravo vermelho	158
Vinagre de flores de laranjeira	158
Vinagre de gerânio	160
Vinagre de salva	158
Vinagre de sinfar	157
Vinagre oriental	160
Vinagre rosado	158
Vinagre virginal	160
Vinagre de toucador	157
Vinagre por destilação	159
Vinagre por infusão	157

ÍNDICE

PREFÁCIO ....

CAPÍTULO I - Generalidades 9

CAPÍTULO II - Matérias-primas Essenciais, Secundárias e
Coadjuvantes 11

CAPÍTULO III - Principais Operações da Fabricação de Sabões 14

CAPÍTULO IV - Propriedades Essemciais dos Sabões 16

CAPÍTULO V - Matérias-primas Empregadas na Fabricação de
Sabões 19

CAPÍTULO VI - Instalações, Máquinas e Acessórios 28

CAPÍTULO VII - Sabão Comum 38

CAPÍTULO VIII - Sabões Fabricados pelos Sistemas Inglês e
Alemão 52

CAPÍTULO IX - Sabões Tipo "Offenbach" e "Eschwege" 56

CAPÍTULO X - Sabões de Alcatrão 60

CAPÍTULO XI - Sabões Transparente 64

CAPÍTULO XII - Sabões em Pó e em Escamas 71

CAPÍTULO XIII - Sabões com o Arraiado do Mármore 74

CAPÍTULO XIV - Sabões Flutuantes 79

CAPÍTULO XV - Sabões Líquidos 85

CAPÍTULO XVI - Outros Agentes de Limpeza Domésticos 89

CAPÍTULO XVII - "Shampoos" 93

CAPÍTULO XVIII - As Cores e os Perfumes na Fabricação de
Sabonetes 100

CAPÍTULO XIX - Sabões Finos de Toucador 102

CAPÍTULO XX - Sabonetes 105

CAPÍTULO XXI - Sabonetes Transparentes de Glicerina,
Espumosos e para a Barba 118

CAPÍTULO XXII - Perfumes 123

CAPÍTULO XXIII - Extratos e Perfumes Ingleses 131

CAPÍTULO XXIV - Água de Colônia e Loções para o Cabelo 137

CAPÍTULO XXV - Águas Aromáticas de Toucador 144

CAPÍTULO XXVI - Cosméticos 148

CAPÍTULO XXVII - Vinagres de Toucador e "Sachets" 157

CAPÍTULO XXVIII - Dentifrícios 163

CAPÍTULO XXIX - Tabelas 168

Estatuto da Microempresa 173

Índice Alfabético de Assuntos ....

Leia também

ISBN 85-274-0461-3
294 páginas
Formato: 14×21 cm

CONTROLES PARA A INDÚSTRIA TÊXTIL
Helton Camargos

Nenhuma empresa poderá sobreviver no mundo moderno sem uma organização que lhe permita competitividade. Para tanto é necessário que haja controles eficientes de sua estrutura funcional.

É claro que, sem informática, não pode haver controle. E seguem-se outros itens: manutenção, cargos e salários, acompanhamento mensal e acompanhamento trimestral. O autor, de maneira clara e prática, desenvolve esses itens no que diz respeito à indústria têxtil. Cada item é desenvolvido com minúcias e o conjunto da obra mostra, de fato, um panorama bem estruturado de como deve funcionar este tipo de indústria que, para sobreviver, precisa de ser altamente organizada e competitiva.

ISBN 978-85-274-0926-1
302 páginas
Formato: 16×23 cm

MANUAL PRÁTICO DE MANUTENÇÃO INDUSTRIAL
Valdir A. dos Santos

Nesta obra, iniciaremos pelos conceitos básicos da manutenção industrial. Forneceremos conhecimentos técnicos sobre materiais mecânicos utilizados na fabricação de máquinas e equipamentos, visando auxiliar na identificação dos problemas, "defeitos", na manutenção preventiva e preditiva que sem as ferramentas corretas não teriam sucesso. Estudaremos os eixos, rolamentos, buchas, retentores, o'rings, acoplamentos, selos mecânicos que são componentes dos redutores, compressores, variador de velocidade, bombas em geral, caldeiras, secadores e outras máquinas que funcionam melhor quando seus componentes são montados conforme tolerância ISO. Estudaremos ainda lubrificantes, manômetros, vacuômetros, termômetros, hidráulica e pneumática. Finalmente abordaremos o controle de qualidade e o sistema ISO 9000, fornecendo ao profissional da área atualização dentro deste assunto que já se tornou comum na manutenção mecânica industrial.

ISBN 85-274-0409-5
176 páginas
Formato: 14×21 cm

PERFUMES (Como Fazer) – 8ª edição
Diamantino F. Trindade/Cláudio de Deus

O perfume tem sido ao longo dos anos um misto de técnica e magia. É graças à habilidade mágica dos artesãos que a fragrância se liberta e se difunde no ar, provocando nas pessoas uma sensação olfativa agradável que encanta.

Na produção de perfumes os custos não são exagerados e as técnicas são facilmente inteligíveis, o que permite inclusive a sua fabricação doméstica. A Ícone Editora, pensando no gosto crescente que esta prática desperta lança *Como Fazer Perfumes*, um verdadeiro manual explicativo, abrangente e de fácil entendimento.

Como Fazer Perfumes traz descrições de substâncias e suas utilidades, tabelas de composições com as proporções adequadas, orientações sobre cuidados especiais e ensina como fazer diversos tipos de perfumes, loções, águas de colônia, incensos e extratos. Indispensável ao perfumista já formado, ótimo para quem está começando.

ISBN 85-274-0898-8
96 páginas
Formato: 14×21 cm

PRODUTOS DE LIMPEZA (Como Fabricar) – 5ª ed.
Diamantino F. Trindade

A fabricação de produtos de limpeza oferece excelentes perspectivas de rentabilidade para um investimento relativamente pequeno. Essencial para o bom resultado desta atividade é o conhecimento dos equipamentos, substâncias e procedimentos cujo bom emprego e mescla se traduz em produtos de qualidade, produzidos sem desperdício e sem que o pequeno fabricante se exponha a riscos de saúde, sem fazer também correr perigo o imóvel em que passa a desempenhar a atividade. O leitor poderá optar por diferentes produtos, cujas fórmulas e regras de preparo aqui se encontram.